U0750587

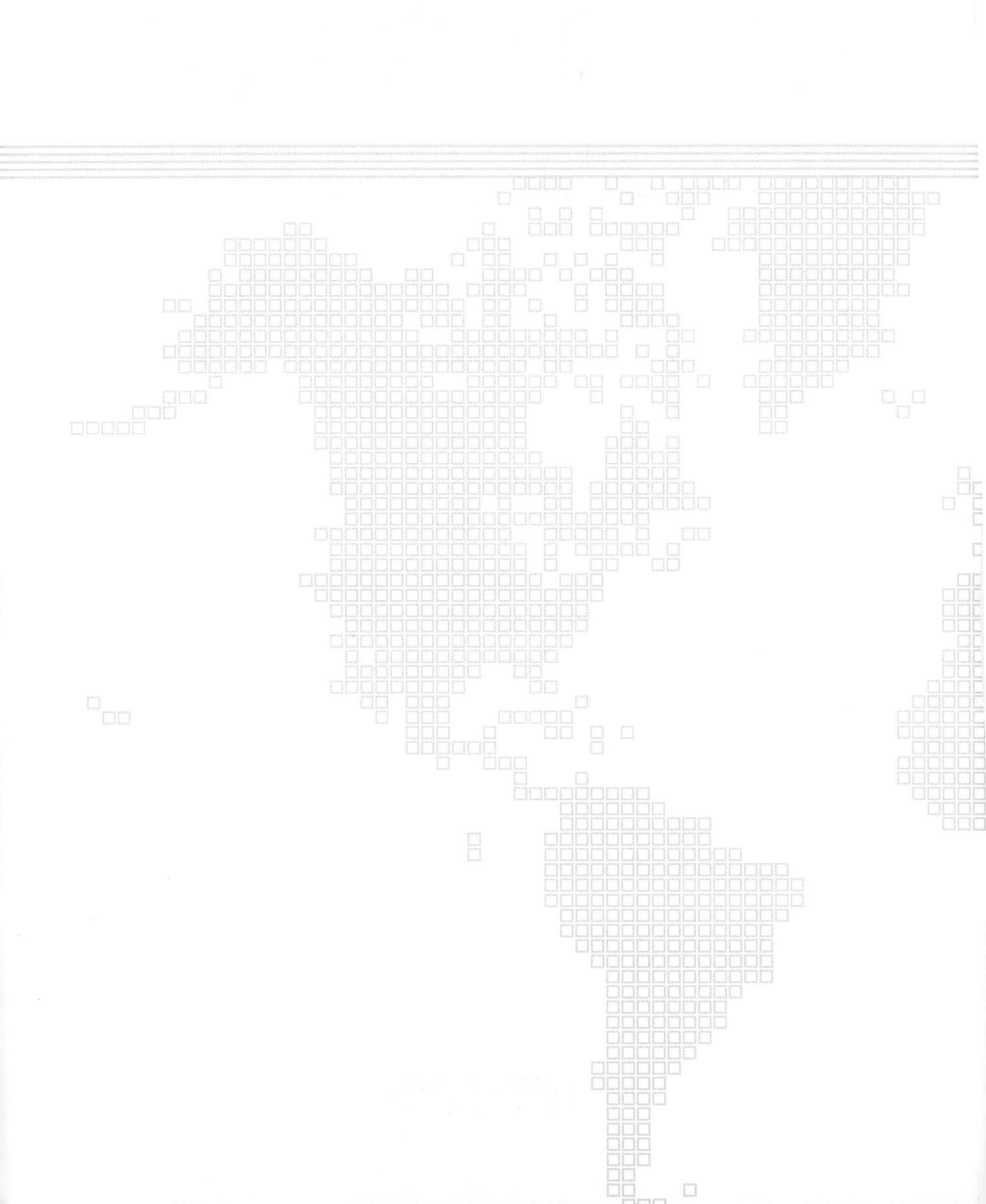

高中地理学科创新实验探索与案例分析

毛忠义　许　辉　杜艳艳　康卉君　朱　瀛　杨学梅●著

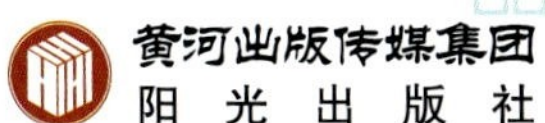

图书在版编目（CIP）数据

高中地理学科创新实验探索与案例分析 / 毛忠义等著. -- 银川 : 阳光出版社, 2024. 11. -- ISBN 978-7-5525-7550-7

Ⅰ. G633.552

中国国家版本馆CIP数据核字第20243KM291号

高中地理学科创新实验探索与案例分析

毛忠义　许辉　杜艳艳　康卉君　朱瀛　杨学梅　著

责任编辑　马　晖
封面设计　赵　倩
责任印制　岳建宁

黄河出版传媒集团
阳光出版社　出版发行

出 版 人　薛文斌
地　　址　宁夏银川市北京东路139号出版大厦（750001）
网　　址　http://www.ygchbs.com
网上书店　http://shop129132959.taobao.com
电子信箱　yangguangchubanshe@163.com
邮购电话　0951-5047283
经　　销　全国新华书店
印刷装订　宁夏银报智能印刷科技有限公司
印刷委托书号　（宁）0031159

开　　本　880 mm × 1230 mm　1/16
印　　张　14
字　　数　260千字
版　　次　2024年11月第1版
印　　次　2024年11月第1次印刷
书　　号　ISBN 978-7-5525-7550-7
定　　价　88.00元

序 言

FREFACE

地理作为一门研究地球的形成、地表上各种自然现象以及人类活动与地球相互作用的综合性学科，在高中教育阶段扮演着重要的角色。然而，传统的地理教学模式往往侧重于理论知识的传授，学生在学习过程中缺乏实践与探索的机会。为了激发学生对地理学科的兴趣以及培养学生的实践能力，这本名为《高中地理学科创新实验探索与案例分析》的书在几位同事的共同努力下应运而生。本书旨在通过实验探索与案例研究的方式，激发学生对地理学科的学习兴趣，培养其实践能力，并提升学生综合运用地理学知识解决实际问题的能力。学生在实验过程中亲自动手进行实验操作，并通过观察地理现象、详细记录实验数据，并及时对实验数据进行分析，逐步深入理解地理现象背后的原理。同时，学生还可以参与实际案例的研究，通过收集、整理和分析实际案例中的地理信息，探索地理学在实际问题解决中的应用价值。

本书所倡导的教学理念中，应将学生前置为主导角色，地理学科教师则扮演指导者和引领者的角色；学生将通过小组合作的方式，选择感兴趣的地理主题，并提出相关的实验方案和案例研究，对相关问题进行探讨；教师将提供必要的指导和资源支持，帮助学生制订实验计划并解决实验过程中的问题。同时，为了促进学生之间的学习与合作，积极引导组织学生讨论和交流将成为地理教师的首要任务。通过这种师生平等互动的教学方式，学生将从被动地接受知识变为主动学习，主动参与学科知识的创新与探索中。此外，本书建议学生应积极地在教师的指导下开展实地考察和野外实践活动。通过实地考察，学生将体验地理学知识与实际场景的关联，加深对地理学的理解和应用。同时，学生还将通过野外实践活动提高其观察力、自主学习能力和团队合作能力。这种多样化学习方式的目的是将培养学生的创新思维和问题解决能力置于首要地位，更能满足学生的个性化需求。本书中案例的实施将有效推动高中地理学科教学的改革与创新。通过实践与创新，学生将深化对地理学科的理解，培养实践能力和创新意识。这将使地理学科教育从传统的知识传授模式转变为以学生为主体的教学模式，能更有效地培养学生的综合素质和实践能力，为学生将来的发展打下坚实的基础。《高中地理学科创新实验探索与案例分析》中的案例实施将为高中地理学科的教学提供新的思路和方法。我们期待着书中的案例能够继续成功实施，期待学生在地理学科学习中取得创新成果。基于以上分析，我们在高中阶段有必要进行创新实验探索，以进一步加深学生对地理学科的理解，提高其学以致用的能力。地理学科涉及地球的各个要素，包括地理空间位置、地质地貌、水文气候、自然资源等。通过创新实验探索，我们可以更加深入地了解这些知识，并将其应用到实际生活中。这不仅能提高学生们对地理知识学习的兴趣，还可以培养他们对地理现象的观察能力和科学解决地理现实问题的能力。

在地理学科的创新实验探索中，一个重要的方面是案例研究。案例研究是通过实地调查和分析具体的地理问题或现象，从而更好地理解地理学科的内容和原理。通过案例研究，我们可以将抽象的地理概念与具体的实际情况相结合，使学习更加生动有趣。一个典型的案例是对某个地区的水资源问题进行调查和分析。我们可以选择一个水资源丰富的地区，通过实地考察和数据采集，了解该地区的水资源状况、地质特点以及人类活动对水资源的影响；通过案例研究，我们可以了解该地区的水资源分布规律，以及如何更好地利用和保护水资源。除了案例研究，地理学科的创新实验探索还包括地理模拟实验和地理信息技术应用等方面。我们利用教学软件对地球上丰富多彩的自然现象和变幻莫测的地理过程进行地理模拟实验，加深学生们对地理学科知识的理解。还可以通过使用地理信息系统（GIS）等工具，对地理数据进行收集、处理和分析，从而使学生更好地理解地理学科的内容和应用场景。

总之，开展地理学科创新实验，不断探索地理学科知识是提高学生地理学科素养的重要途径之一。地理学科的创新实验探索既可以是案例研究，也可以是地理模拟实验和地理信息技术应用等方面。丰富多彩的实践活动，在培养学生的洞察力、解决地理问题的能力和创新逻辑思维能力方面起到决定作用，会为他们的学业生涯发展夯实基础。

毛忠义

2024年6月

目 录

CONTENTS

引 言

第一节　高中地理学科创新实验探索与案例研究背景及意义

一、研究背景

随着经济全球化和社会快速发展，地理学科在高中学段的教学地位日益提升。地理学科的传统教学方式已经不能满足当前学生的学习需求，需要通过创新的教学方法、创新的实验探索，提高学科的教学效果，增强学生的学习兴趣。为此开展新课标视域下高中地理学科创新实验探索与案例研究势在必行，其研究背景主要包括以下几个方面。

（一）高中地理课程标准要求的变化

随着《普通高中地理课程标准》（2017年版2020年修订）（以下简称“新课标”）的颁布、更新和改革，地理学科的教学目标和内容发生了明显变化。新课标要求学生具备主动探索知识的能力和学习创新的能力，让学生通过实践活动加深对地理知识的理解和应用。因此，研究地理学科创新实验与案例成为迫切的需求。教育部颁布的新课标对于创新实验探索和案例研究的要求也发生了变化，最重要的变化是在地理学科教学中通过调查、考察、实验等方式培养学生的地理实践力。这种变化是为了适应社会发展和教育改革的需要，促进学生综合素质和实践能力的培养。在过去的地理学科教学中，教师主要依赖课本和讲解来传授地理知识，学生的学习重点是记忆和理解地理知识点。然而，这种传统的教学模式缺乏对学生实际操作和解决问题能力的培养，在实用性和应用性方面往往比较欠缺。新课标要求地理教学要改变这一现状，注重培养学生的动手操作能力和创新思维。同时重点鼓励学生通过实验探索和案例研究，进行实际操作和问题解决，提高学生的实践能力和综合素质。这样的变化是为了培养学生的创新和地理思维能力，把地理知识运用到实际生活和社会实践中去。通过创新实验探索和案例研究，学生能够更加深入地了解地理学科的知识和理论，加深对地理学科的理解和应用。同时，还可以培养学生数据收集与分析、问题解决、团队合作和沟通交流等能力，提高其综合素质。总之，新课标要求的变化是为了推动地理学科教学改革，培养学生的实践能力和创新思维，并促进学生全面发展。

（二）学生学习需求的变化

学生学习需求的变化是指地理学科的学习方式、学习内容等方面的需求发生了变化，学生对地理学科的学习需求随着社会的发展、学习环境的变化而不断变化。一是学生提高了对地理学科的学习要求，更加注重实践和运用。过去以讲授知识为主的传统地理学科教学，主要进行理论知识讲解，学生被动接受知识而去学习。然而，现在的学生更加渴望通过实践活动和案例研究来探索地理学科的知识和理论，将所学知识应用于实际生活和社会问题解决中。他们希望通过动手能力和综合素质的提高，使自己具备实际操作和解决实际问题的能力。二是学生对地理学科学习的需要，更多地倾向于培养自己的综合能力。地理传统教学以识记、理解知识点为主，学生学习以掌握知识为主。现在的学生更注重综合能力的培养，包括收集和分析材料、解决问题、团队合作和交流沟通等方面的能力。他们希望能够通过实践活动和案例研究，培养自己的综合能力，提高解决问题和应对挑战的能力。此外，学生对地理学科学习的需求更加关注其实用性和社会意义。学生希望通过实践活动和案例研究，了解地理学科的应用领域和社会影响，提高自己的社会责任感和公民素养，使所学地理知识与现实生活和社会实践相结合，既能解决实际问题，又能直面社会的各种挑战。总之，学生学习需求的变化体现在学生对于地理学科学习方式和内容有了新的要求，包括更加注重实践和应用、倾向于综合能力的培养以及关注实用性和社会意义。这一变化推动了地理学科教学在一定程度上的改革与创新。随着社会的迅速发展和信息技术的普及，学生对地理学科教学的需求也在发生着变化。传统的教学方式已经无法满足学生的学习需求，学生更多是抱着一种求实的心态，抱着一种探索的心态去学习。由此，地理学科创新实验探索就成为适应学生需求的重要途径。

（三）地理学科的特点

多学科交叉是地理学科的特点，其实用性非常强。地理学科的内容涉及自然地理、人文地理和地理信息技术等多个领域，需要通过实验探索来深入理解和应用。地理实验能够模拟自然现象，解决实际问题，能促进学生进行科学思考，能开展动手能力的训练。现将有关地理学科具体特点作如下归纳。

1. 地理学科的跨学科性

地理学科涉及自然地理和人文地理两个方面，涵盖了地球、环境、社会、数学、物理和生物等多个学科的内容。地理学科以综合性和交叉性为主要特点，研究地球自然环境、人类活动与社会现象之间的相互联系。

2. 地理学科的空间性

地理学科以空间分布、地球表面的空间特点、地理现象为中心所表现出特有的空间性特点。地理学通过地图、图表等工具来描述和分析地球上的空间现象，研究地理事物的空间分布规律和地理系统的相互作用。

3. 地理学科的时空交融性

地理学科以具有时空特征的地球为研究对象展开研究。地理学通过分析地理现象的时间演变和空间关系，揭示地球系统的时空演化规律。例如地球演化史的研究。

4. 地理学科的实用性

地理学科研究的内容和方法具有广泛的实用价值。地理学的研究可以为资源开发利用、环境保护、城市规划、灾害管理等社会实践提供科学依据和决策支持。例如通过开展贺兰山东麓自然环境特征的探究，可以很好地助力贺兰山东麓酿酒葡萄的种植和葡萄酒酿造业的发展。

5. 地理学科的实证性

地理学科特别注重观察和实证研究。地理学通过实地调查、实验和数据分析等方法，获取地理数据和信息，进行实证研究，以验证地理理论和地理假设。

综上所述，地理学科具有跨学科性、空间性、时空交融性、实用性和实证性等特点，这些特点为地理学科的研究提供了独特的视角与方法。

（四）地理学科教学改革的需要

地理学科教学改革旨在提高教学效果、创新教学模式和增加新的教学资源，改变传统的教学视角和教学思维。地理学科创新实验探索与案例研究可以为地理学科教学改革提供实践经验和教学案例，促进地理学科教学的改进和发展。以下是地理学科教学改革强调的内容。

1. 更加强调学生综合能力的培养

地理学科的研究需要学生具备学科综合能力，能够综合运用地理知识、科学方法和信息技术进行实证研究。因此，地理学科教学改革必须重视培养学生的综合能力，给他们提供实践性的学习机会和培养他们掌握实证研究的方法。

2. 更加注重学生的实践与应用

地理学科的研究具有很强的实践性和应用性，需要学生通过实地考察、实验研究、地理信息系统模拟等进行实践探索。地理学科教学改革需要加强实践与应用环节的设计和引导，让学生参与到地理学科的研究实践中。

3. 更加强化学生跨学科的融合能力

自然科学、社会科学和人文科学的知识都可能是地理学科研究所涉及的内容，这需要学生具备跨学科的必备知识和关键思维能力。地理学科教学改革需要加强与其他学科的融合，开设跨学科的教学模块和项目，着力培养学生跨学科思维和综合分析能力。

4. 注重提升学生自主学习的能力

地理学科的研究需要学生具备自主学习的能力，学生能够主动收集和分析地理数据、独立思考和解决问题。地理学科教学改革需要引导学生主动参与学习过程，要为其提供开放性的学习任务和项目，培养学生的自主学习能力。

5. 重点引入创新实验与案例研究

地理学科教学改革需要引入创新实验和案例研究，通过实际问题和案例分析来激发学生的学习兴趣和动机。创新实验和案例研究可以帮助学生将地理学科的知识和方法应用于实际情境中，提高学生的解决问题和创新思维能力。

综上所述，高中地理学科创新实验探索与案例研究在新课标视域下主要是为了满足课程改革的要求，满足学生个性学习的需求，充分发挥地理学科的特点，助推地理学科教学改革等。在此背景下，地理学科教学改革需要注重综合能力培养、实践与应用、跨学科融合、自主学习能力提升和引入创新实验与案例研究等方面的需求。这些改革措施对促进学生综合素质的发展、创新能力的培养都是有帮助的。

二、高中地理学科创新实验探索与案例研究的意义

为什么要开展新课标视域下高中地理学科创新实验探索与案例研究呢？开展这样的研究具有以下几个重要的意义。

（一）拓展地理学科知识的深度和广度

地理学科创新实验探索与案例研究可以引入新的概念、理论和方法来丰富地理学科的内容。通过实验探究、案例分析等方式，增加学生对地理基础知识的深度理解，使学科视野更加开阔。拓展地理学科基础知识的深度与广度主要体现在如下几个方面。

1. 要深入探索地理学科知识

通过创新实验探索与案例研究，可以深入探究和理解地理学科的核心概念和理论。学生可以通过实践活动，加深对地理现象和过程的认识，掌握地理学科中的基础知识和原理，使学科知识的深度得到提升。

2. 拓宽地理学科的视野

通过研究创新实验和案例，引入最新地理研究成果和新出现的地理问题。通过引入新的地理问题，学生可以了解和探究当前地理学科的发展趋势和热点，拓宽自己的学科视野，增强对地理学科的兴趣和热情。

3. 综合应用地理学科知识

创新实验探索与案例研究有助于学生将地理学科的知识应用于实际问题的解决和实践活动中。学生通过实验设计和案例分析，能够将所学的地理知识与实际情境相结合，提高学生的动手能力，使其学科知识的广度得到拓展。

4. 培养地理科学思维与方法

创新实验探索与案例研究强调对学生科学思维和方法的培养。学生通过实践活动和案例分析培养观察、实验、资料分析和解决问题的科学思维和方法，增强了学科知识的深度和广度，提高了科学素养和科研能力。

通过新课标视域下高中地理学科创新实验探索与案例的研究，可以深入探索学科知识、拓宽学科视野、综合应用学科知识，培养科学思维与方法。

（二）培养学生的地理实践力

地理学科创新实验探索与案例研究强调学生的实践操作能力和培养他们观察实际现象的能力。通过实践活动，学生可以参与地理学科的研究和探索，提高他们的实践能力和科学精神。地理实践力是地理学科的核心素养之一，地理学科创新实验探索与案例研究对于培养学生的地理实践能力主要体现在以下四个方面。

1. 提升学生的实践操作能力

创新实验探索与案例研究要求学生亲自动手进行实践操作，锻炼学生的操作技能和实践能力。在这样的实验过程中，学生通过实际操作熟悉实验步骤以及实验过程，掌握实验技巧，增强实践操作能力。

2. 增强学生的实地调查能力

新课标视域下地理学科注重实地调查和观察，通过实践活动，学生可以积极参与实地调查，学习如何选择调查地点、采集数据和实地观察。这样可以锻炼学生的实地考察能力，也可以训练他们观察地理现象的技能。

4. 培养学生分析和处理情境材料的能力

创新实验探索与案例研究要求学生对实验和案例的情境材料进行收集、整理和分析，在此基础上进行实验探究和案例研究。通过实践活动，学生可以提高数据处理和分析的能力，学习熟练使用统计工具和统计方法，加深对地理数据的理解和应用。

鼓励学生通过创新的实验和案例来探索研究并思考地理问题，积极解决地理问题。通过实践活动，培养学生发现问题、分析问题、解决问题的能力，增强学生的自主学习能力和创新思维能力，增强学生动手操作、实地考察、资料加工分析和解题能力。通过对高中地理学科创新实验探索和新课标视域下案例的研究，学生在实践中获得丰富的经验。这些实际操作能力对学生的学习起着不可忽视的促进作用，对学生的全面发展也起着不可替代的作用。

（三）激发学生的学习兴趣

地理学科创新实验探索与案例研究可以激发学生对地理学科的兴趣和热情。通过实践活动和案例分析，可以使学生更加主动、积极地参与学习，提高他们的自主学习动力和学习效果。对于如何激发学生的学习兴趣，笔者归纳认为，具体应该体现在以下四个方面。

1. 实践活动激发学生学习兴趣

地理学科教师积极组织学生实践，学生通过参与实验和实地调查等活动，能够感受到地理学科的实际应用和实际意义。这样的实践活动能够引起学生的好奇，激发学生的兴趣，学习的积极性更强。

2. 案例研究激发学生思考兴趣

在案例研究中，学生需要分析和解决实际地理问题，这要求他们进行深入思考和探索。通过分析实际案例，学生可以从多个视角发现问题、思考问题，积极参与探索，更能激发他们对地理学科问题主动思考的兴趣。

3. 创新实验激发学生动手兴趣

创新实验探索要求学生进行实验操作时必须亲自动手。通过动手操作的学习方式参与实验，学生可以体验科学实验的乐趣，感知地理知识的实际应用能力对自己的影响，从而强化对地理学科概念的认识。

4. 实践收获，激发探索兴趣

创新实验探索与案例研究培养学生的实践能力，使学生在实践中获得成就感和自信心，以此来激发他们继续探索和学习的兴趣。学生通过提高实践能力，可以更好地了解地理知识、应用地理知识，进而对地理学科产生较大的兴趣。

综上所述，通过实践活动、案例分析激发学生的学习兴趣，令学生在参与学习中更加积极主动，学习效果在新课标的引领下得到提高。毋庸置疑的是，高中地理学科创新实验探索与案例研究无论对学生的学习动机，还是对学科发展，都具有积极作用。

（四）注重培养学生创新思维

地理学科创新实验探索与案例研究旨在鼓励学生在实践中探索知识，勇于创新。学生通过实验设计、资料分析和思考解决问题的方法等活动，培养创新思维和解决问题的能力。在实践中学生主动探索和创新，教师要注重培养学生的创新思维。针对这一问题，笔者认为可以在以下几个方面进行尝试。

1. 要给学生创造解决问题的机会

创新实验和案例研究往往涉及实际问题的解决，学生需要思考并提出创新的解决方案。这种学习方式，能培养学生主动思考解决地理问题的能力，进而激发学生的创新思维。如何让学生在学习中提高思考问题、解决问题的能力呢？最重要的是要给学生创造解决问题的机会。例如，设计开放性地理问题，给学生布置一些需要实地考察、数据收集和分析任务。可以让他们研究当地河流水质变化，城市湿地分布对气温的影响等。

2. 鼓励学生多元思维

在学习过程中，要鼓励学生从多角度分析问题，并在实验和案例研究中尝试不同的思路解决问题。这样的学习方式可以培养学生的多元思维，使学生在解决问题的时候能够灵活运用不同的思维模式，在创新思维方面能够有所提升。

3. 促进学生之间合作与交流

在实验和案例研究中，学生通常需要合作、交流和相互讨论来解决问题。教师要组织学生开展小组合作探究活动，这样的学习方式可以培养学生的团队合作能力和沟通能力，激发他们的创新思维，并从他人的观点和经验中获得灵感。

4. 培养学生实践创新能力

创新实验和案例研究具有很强的实践性，学生需要通过实际操作和实践探索来解决问题。这样的学习方式可以培养学生在实际问题中运用理论知识和开展创新实践活动来解决问题，对他们实践创新能力的培养大有裨益。

综上所述，新课标视域下高中地理学科创新实验探索与案例的研究可以培养学生的创新思维，提高他们解决问题和应对挑战的能力。这对学生今后的学习发展都很有意义，对学生的创新能力也会有很大的促进作用。

（五）推动地理学科教学改革

地理学科创新实验探索与案例研究能够促进地理学科教学方法和教学资源的改革与创新。通过研究和实践，可不断优化和改进地理学科的教学内容、教学方法和教学资源，提升地理学科教学的质量和效果。就推动地理学科教学改革而言，具体的表现主要体现在以下四个方面。

1. 丰富地理学科的教学内容

创新实验和案例研究能够引入新颖的教学内容和实践活动，使地理学科的教学内容更加丰富多样，能增强学生探索知识的好奇心和兴趣。通过实践探索和案例研究，学生可以更深入地了解地理知识，提高对地理概念的理解和应用能力。

2. 课程内容优化，激发学生学习兴趣

兴趣是学生主动学习的源泉，创新实验和案例研究通常具有应用和实践的属性，创新实验和案例研究的课程内容应更加贴近现实生活，结合当前的热点问题（如气候变化，城市化，资源利用等），使学生能够将所学知识，应用于实际生活中，这能够激发学生的学习兴趣和主动性。通过参与实践活动和解决实际问题，学生可以更深入地理解地理学科的重要性和实际应用，提高学习的积极性和主动性。

3. 强化学生综合能力的培养

创新实验和案例研究使学生实际操作和解决问题的能力得到锻炼，引导他们进行多方位、多角度的思考和全面的分析。通过参与实践活动和案例研究，可以培养学生数据收集与分析、问题解决、团队合作、沟通交流等能力，从而提高学生的综合素质。

4. 教学方法创新，教学中鼓励学生创新思维

通过设计真实的地理项目和任务，学生可以在实践中学习如何运用地理知识解决问题。在实践中鼓励学生进行创新实验和案例研究，旨在培养学生的创新能力，进行创造性的思考和实践探索。通过参加实践活动，学生的创新精神和动手能力得到锻炼，有利于解决实际问题、培养创新思维、激发出创新观点、创新解决问题的思路。

在新课标环境下的高中地理学科创新实验探索、案例研究对地理学科的教学改革有较大的推动作用。它丰富了教学内容，激发了学生的学习兴趣，培养了综合能力和创新思维，为地理教学的改革和提升提供了新的思路和方法。

总的来说，在新课标视域下的高中地理学科创新实验探索与案例分析有利于培养学生动手能力和创新思维，激发学习兴趣，促进地理学科教学改革创新等，在增强学科知识深度和广度上都具有重要的意义。

第二节　创新实验探索与案例研究的内容

新课标视域下的实验探索旨在促进学生深入理解地理学科知识，提高他们的实践应用能力，培养他们未来开展科研所需的创新思维能力。针对此研究目的，具体研究内容主要包括以下几个方面。

一、组织学生开展实验探索

实验探索是新课标视域下高中地理学科创新实验探索与案例研究的重要内容之

一。依托地理实验创设问题情境，能为学生提供动手实践、动脑思考的机会，引导学生通过自主操作实验突破重难点，并自主建构知识体系。其主要目的是让学生通过参与实际的地理实验，探索地理现象的成因和解决方法，培养实践操作、科学思维和创新能力。实验内容主要涉及地理数据收集和分析、地理模型的构建和验证、地理现象的模拟和观测等。因此，可从以下几个方面引导学生开展实验探究。

（一）引导学生开展地理数据的收集与分析

通过使用地理仪器设备和技术手段，学生可以利用校园气象站收集地理数据如气温、降水量（降雪量）、高程（海拔）、气压等数据，并进行数据分析和处理。这样能够让学生了解地理数据的采集方法和处理技巧，培养他们的观察和数据分析能力。

（二）引导学生开展地理模型的构建和验证

学生可根据地理现象或问题，设计和构建相应的地理模型，如地形模型、气候模型、人口模型等。通过模型的构建和验证，学生能理解地理现象和过程的基本原理，培养他们的模型构建和验证能力。

（三）引导学生开展地理现象的模拟和观测

学生可以通过实验的方式对特定的地理现象进行模拟或观测，如水土流失、河流侵蚀、土地荒漠化等。这样能使学生对地理现象有切身的体会，加深对地理现象的原理和特点的理解，培养学生动手操作的能力和观察记录的能力，对地理现象的分析能力等都有很好的帮助。

（四）引导学生开展地理问题解决方法的探索

学生可以通过实验探索的方式，解决特定的地理问题，如环境污染、自然灾害、气候变暖等。学生可以通过实验过程，对解决地理问题的不同方法进行探索和验证，从而训练解决问题的思路和创新思维能力。

综上所述，实验探究旨在通过让学生参与地理实验，培养学生的实际操作能力、科学思维能力和创新能力，提高对地理现象和问题的理解和解决能力。学科教师必须充分认识到这一问题的重要性，要充分地发挥教师的引导作用和组织作用。

二、组织学生开展实际案例研究

通过介绍实际案例，让学生对地理问题展开分析和探讨，培养学生科学解决地理问题和创新思维的能力。案例研究内容可以涉及地理环境问题的分析与评价、地理资源的合理利用与保护、地理灾害的预测与应对等。案例研究是新课标视域下高中地理学科创新实验探索与案例研究的另一个重要内容。其主要目的是通过具体的地理案例，探究地理现象和问题的成因与解决方法，培养学生的综合分析能力、解决问题能力和创新能力。组织学生开展实际案例研究可从以下几个具体案例探索入手。

（一）组织学生开展地理问题的调查与分析

可以组织学生选择特定的地理问题，如城市交通拥堵、水资源短缺、城市内涝、城市垃圾分类等，进行深入的调查和分析。通过收集相关的数据和资料，学生可以了解地理问题产生的背景和原因，并进行综合分析和评价。

（二）组织学生进行地理现象的案例分析

组织学生选择具体的地理现象，如洪涝灾害、土地退化、森林火灾等，进行详细的案例分析。通过研究案例，学生可以了解地理现象的发生机制和影响因素，并针对问题提出相应的解决对策。

（三）组织学生开展地理事件的影响评价

组织学生选择特定的地理事件，如干旱、地震、台风等，进行影响评价，评价自然灾害对人类生产、生活带来的影响。通过分析事件的发生及其对人类社会和自然环境的影响，学生可以了解地理事件的特点和应对措施，并进行综合评价。

（四）组织学生开展地理方案的设计和评价

组织学生选择特定的地理方案，如城市规划方案、生态保护方案、城市垃圾分类方案等，进行设计和评价。通过分析研究方案的可行性和效果并加以验证，学生可以了解地理方案的制订和实施过程，并提出改进意见和建议。

总之，案例研究旨在通过具体的地理案例，培养学生综合分析能力、解决问题能力和创新能力，提高对地理现象和地理问题的理解和解决能力，这也是新课标视域下高中地理学科创新实验探索与案例研究的重要内容之一。

三、通过项目开展学生的综合实践

综合实践是新课标视域下高中地理学科创新实验探索与案例研究的另一个重要内容。通过综合实践项目，学生能够运用地理学科的知识和方法，解决地理学科中的疑点、难点问题。综合实践的内容可涉及地理调查与研究、区域规划与开发、地理信息系统应用等多个方面。其主要目的是通过实地调研、实验探究和模拟实践等方式，让学生参与地理活动，提高实践能力和创新能力。对于综合实践的具体实施内容，建议可从以下几个方面开展。

（一）组织开展实地调研活动

组织学生选择特定的地理景观、地貌或地理现象，进行实地考察和调研（如开展对贺兰山苏峪口大断层的调研）。通过亲身感受和观察，学生可以深入了解地理现象的特点和成因，并进行实地数据采集和记录。

（二）组织开展实验探究活动

组织引导学生选择特定的地理问题或现象，在实验室或实验场地进行实验探究。通过设计和实际操作，学生可以验证地理理论和模型，并观察和分析实验结果，从而深入了解地理规律和现象。

（三）组织开展模拟实践活动

组织学生通过模拟活动或虚拟实践，参与地理问题的识别和解决过程。比如，在模拟城市规划中，学生可以扮演一名城市规划师的角色，从事城市规划设计工作，探寻城市规划过程中易被忽略的问题；或以虚拟现实技术模拟发生和应对地理灾害的过程（如模拟泥石流灾害的发生、评价灾损情况和提出应对的策略）。

（四）引导学生撰写实践报告并进行评价

学生在完成综合实践后，须引导学生撰写实践报告并进行评价。报告内容应包括实践目的、过程和结果，以及对实践经验的总结和思考。可由同伴或教师共同评定，也可由学校学术委员会评定。

总之，综合实践是在新课标视域下高中地理学科创新实验探索与案例研究的重要内容之一，让学生通过实地考察、实验探究、模拟练习等多种方式参与地理活动，提高学生对地理问题、地理现象的认识和应用中的动手能力和创新能力。

四、教师在教学方法上进行跨学科融合

跨学科融合是一种教学方法，旨在打破学科之间的界限，使学生能够在多个学科领域之间进行综合学习和创新思考。开展教学方法研究的目的是促进学生综合素养和

创新能力的提高，可以通过跨学科整合的方式进行。整合学科交叉融合的内容，我们可以尝试从以下几个方面着手。

（一）教师要融合不同学科的知识内容

教师通过将不同学科的知识内容融会贯通，让学生对相关问题或主题有一个全面的了解和掌握。例如，将地理与历史可以融合在一起，通过研究历史地理，探讨历史事件与地理环境之间的关系。将地理学科与思政学科融合，培养学生正确的价值观和爱国情感。

（二）教师要研究学科融合的方法

跨学科的融合包括不同学科研究方法和组合的技巧，针对复杂问题进行综合研究。例如，地理与数学可以融合在一起，通过空间数据分析和建模，研究城市发展和交通规划等问题；地理学科与物理学科可以融合在一起，通过物理方法来解决地理问题，如水循环运动过程中的物理问题。

（三）教师要具有融合其他学科的思维

跨学科融合还应鼓励学生运用系统思维和批判思维，从不同学科的视角审视问题，提出创新的观点和解决方案。例如，地理与社会学可以融合在一起，通过研究城市化进程中的人口老龄化等社会问题，探讨城市可持续发展的策略。

（四）组织学生开展不同学科融合的实践

简单地说，跨学科的融合，就是要把学科的边界打破，培养学生的综合素养、创新能力。实践与应用是跨学科融合所强调的内容。学生可以通过实地考察、实验探究、模拟练习等方式，将多学科的知识和方法运用到实际问题中去。例如，地理与物理、化学、历史、生物等学科融合在一起，通过实验和观察，研究地球系统的动态变化。通过融合学科知识、方法、思维和实践，学生可以更全面地理解和解决现实问题，提高综合学习和创新思考的能力。通过与其他学科的融会贯通，不仅开阔了学生的眼界，也锻炼了学生的跨学科思考能力和综合分析能力。跨学科融合的内容可涉及多领域学科，依据融合的学科内容展开实践探索，如地理与自然科学、社会科学、人文科学等融合。

五、教师要鼓励学生自主学习与创新

教师可以引导学生通过自主学习的机会，提出自己的研究问题，进行独立思考，并在实践中进行探索。同时，学生的创新思维和解决问题的能力得到培养，可以激励他们探寻出新的研究方法，展示新的创造成果。如何培养学生适应现代社会，如何能增强自主学习和自主创新能力，以满足现代社会对人才的需求；具体措施如下。

（一）帮助学生理解自主学习的本质

帮助学生探究自主学习的定义、特点和关键要素，探索自主学习与传统学习的区别，以便设计有效的教学策略和培养方案。

（二）帮助学生揭示自主学习的影响因素

帮助学生研究影响学生自主学习能力发展的内外部因素，如学习动机、学习环境和教育政策等，以便制定相应的教学方法，提供相应的策略支持。

（三）帮助学生探索自主学习训练方法

激发学生自主学习的兴趣和能力，帮助学生探索使用有效的学习策略和激发自主学习能力，熟练应用教学辅助工具。如带着地理问题学、带着地理课题学、带着学习方法学、带着同学之间的合作学、带着个性学。

（四）帮助学生评价自主学习的效果

帮助学生探索如何评价自主学习能力和学习成果，以便及时调整教学和支持措施，并对学生反馈的问题提供有效的指导。

（五）帮助学生开展创新能力的探索

学生创新能力的提高需要在教学过程中不断培养，不可能一蹴而就。因此，帮助学生创新能力的培养，主要可以开展以下内容的探索。

1. 帮助学生深刻理解创新的本质

帮助学生理解创新的概念、特点和关键要素，探索创新与传统思维的区别，以促进学生的创新意识和思维转变，理解创新的本质。

2. 帮助学生探索创新的培养路径

帮助学生探索有效培养创新能力的教育策略和方法，如培养学生批判思维、培养解决问题的能力和培养团队合作精神等，使他们能够为未来的生涯发展打下坚实的基础。

3. 帮助学生探索创新的实践环境

帮助学生探索如何创造有利于学生创新的学习环境和实践机会，如提供创新课程、创新实验资源和能够开展创新活动的环境等。

4. 评价学生创新能力

探索如何评价学生的创新能力和创新成果，以便及时调整教学和支持措施，对学生的反馈提供有效的指导。

探索自主学习与创新的目的在于培养出适应现代社会自主学习和创新能力的学生，以适应现代社会对人才的需求。通过揭示影响自主学习和创新的因素，探索有效的培养方法和评价体系，可以为教育改革和实践提供理论指导和实践经验。总之，新课标环境下的高中地理学科创新实验探索与案例研究，旨在通过实践与应用、跨学科综合运用、自主学习与创新等手段，提高学生的科研能力和创新思维能力，培养学生综合运用地理知识和地理方法，达到更好地理解和应用地理学科的目的。

第三节　创新实验探索与案例的研究理论及实施步骤

一、探索高中地理学科创新实验和案例的理论框架及方法

开展教学案例的创新研究是教学改革深入探索的必由之路。对于探索高中地理学科创新实验和案例，可以采用以下理论框架和方法。

（一）高中地理学科创新实验和案例的理论框架

1. 学习地理学理论

学科教师要努力学习地理基础知识，如地貌、气候、人口等，基于地理学理论构建创新实验和案例的理论框架。地理学是研究地球表层（包括大气、水体、陆地和人类活动）及其自然和人文现象的综合性学科。地理学理论主要包括以下几个方面。

（1）地理观念与方法论　众所周知，地理观念与方法论是地理学理论的基础，它包括地理学的核心概念和研究方法。地理观念包括地理空间、地理位置、地理关系、地理时空尺度等，而地理方法论包括地图制作、实地调查、遥感技术、地理信息系统等研究方法。

（2）地球系统科学　地球系统是一门综合研究地球各要素相互作用的科学。它认为地球是一个复杂的系统，由大气圈、水圈、岩石圈和生物圈组成，这些要素相互作用和相互制约并影响地球的物理、化学和生物的演化过程。

（3）自然地理学中的地貌学　地貌学研究地球表面的形态和其形成的地理过程。

它关注的是地球表面的地形特征、地形发生的动力过程、地形的演化等。地貌学理论包括塑造地表的力量，这种力量可分为外力和内力，用地理学专业术语又可表述为侵蚀、沉积、风化、地壳运动等。

（4）自然地理学中的气候学　气候学研究气候系统的组成、气象要素的变化、气候的形成与演变等。气候学理论包括气候与大气环流、气候与水循环运动、气候变化与全球变暖等，也包括天气的形成与演变等。

（5）人文地理学　人文地理学关注的是人类的活动和环境之间的关系。它研究人口的空间分布、人口迁移、城市化、经济发展等一系列问题。人文地理学理论包括人地关系、区域发展、城市与村镇变化研究、区域文化特征与环境的关系、区域文化与城乡景观等。

（6）经济地理学　经济地理学是研究经济活动的空间分布和区域经济发展。它关注各类产业布局、城市与经济增长、区域经济合作等问题。经济地理学理论包括各类生产要素的流动、区域经济发展模式、经济全球化、区域经济一体化等。例如，区域发展对交通运输布局的影响等。

以上叙述的只是地理学理论的一部分，实际上地理学领域还有更多的理论和研究方向。地理学理论的不断发展和完善，有助于我们深刻理解和解释地球表层现象，为地理学的实践应用提供理论指导。

2. 学习地理学科的系统思维

系统思维是把认识对象作为系统，从系统和要素、要素和要素、系统和环境的相互联系、相互作用中综合地考察认识对象的一种思维方法。它强调整体性、综合性和系统性。地理学科系统思维认为地理环境是由各种相互关联和相互影响的地理要素组成的复杂系统，只有全面理解和考虑系统内部的相互关系和相互作用，才能找到最有效的地理问题解决方案。系统思维的核心概念和特征主要包括以下几个方面。

（1）系统的概念　系统是由一组相互关联的要素组成的整体，这些要素之间存在着相互作用和相互影响的关系。系统可以是物理系统、地理环境系统、生态系统、社会系统等。

（2）系统思维的综合性　系统思维强调综合性分析和思考，即将问题看作一个整体，并综合考虑系统内各要素之间的相互作用和相互影响。综合性思考可以帮助我们更好地理解问题的本质和原理，并从地理问题的复杂性中找到更合理的解决方案。

（3）系统思维的循环性　系统思维的循环性是系统的一个重要特征，即系统内部的各要素之间形成了循环的反馈机制。循环性思维可以帮助我们理解问题的动态变化和演化过程，并找到可持续、长期的解决方案。

（4）系统思维的边界性　系统思维将系统与外部环境区分开来，并关注系统与环境之间的相互作用。边界性思维可以帮助我们考虑系统内外的关系和影响，并找到更合适的干预点和策略。

（5）系统思维的可协同性　系统内部各要素之间的协同作用是系统正常运行和发展的基础。可协同性思维可以帮助我们发现和促进系统内部的协同关系，并找到更有效的合作和协调方式。

系统思维被广泛应用于许多领域，如管理学、工程学、生态学等。这些内容不仅可以帮助我们更全面地理解和解决问题，还可以促进跨学科的思考和合作，推动创新和可持续发展，将地理学科看作一个复杂的系统，探索创新实验和案例中各个要素之间的相互关系和影响。

3. 关注可持续发展问题的实验和案例

关注习近平生态文明思想的重要论述，通过可持续发展问题的实验和案例，培养学生的环保思想和环保意识。如环境保护、资源利用、生态农业的建设、“三废”的循环利用等。

（二）分析解决地理问题的方法

分析解决地理问题的方法是多样的，推荐运用系统思维解决地理问题，就此，可以采用以下几个解决地理问题的方法。

1. 系统辨识

首先教师要让学生明确问题所在，并最终确定问题所属的系统。通过辨识系统的边界和要素，理解系统内外的相互关系。

2. 系统分析

引导学生对问题所涉及的各要素进行分析，了解它们之间的相互作用和影响。可以使用因果图、系统动力学等工具和方法进行系统分析。

3. 利用循环反馈机制

重点关注系统内部的循环反馈机制，了解不同要素之间的正反馈和负反馈关系。

通过理解循环反馈，可以更好地预测和解释系统的行为和变化。

4. 依据目标整体优化

根据系统的整体目标和约束条件，进行系统优化。要考虑不同要素之间的协同作用，找到最佳的整体解决方案，而不是仅仅优化单个要素。

5. 应对环境变化

考虑系统与外部环境的关系，了解环境对系统的影响。可以进行环境分析，预测外部变化对系统的影响，并做出相应的调整和应对措施。

6. 不断反思学习

让学生不断反思和学习系统的运行和演化过程，从中总结经验教训，并不断改进和优化系统。通过反思学习，可以提高系统的适应性和韧性。

总体来说，上述方法可以互相结合和补充，帮助我们更全面地理解和解决问题。重要的是要保持系统思维观念和思维方式，注重整体性、综合性和系统性的思考。

（三）创新的实验设计，数据收集与分析

1. 实验设计

根据学科要求和研究目的设计创新实验，包括确定实验目标、设计实验步骤、选择实验工具和数据采集方法等。实验设计是一种系统性的方法，用于规划和组织科学实验，以获取可靠、准确和可重复的实验结果。它涉及研究目的准确性、准确地选择实验变量、科学地设计实验方案和精准收集数据等。下面是一些学科教师常用的实验设计方法介绍。

（1）随机对照实验　将实验对象随机分组，分为两组或多组，其中一组作为对照组，其他组作为实验组，对照组接受标准或无干预的处理条件，而实验组接受特定干预，通过对比分析实验对象的差异。这种设计可以有效控制随机因素的影响，以提高实验结果的可靠性。

（2）影响因子设计　确定要研究的影响因子和水平，并设置不同的处理组合。通过系统的变化影响因子水平，观察实验结果的变化，进而确定因子对实验结果的影响。这种设计可以帮助确定主要因素和各因素间的交互作用，以此来优化实验条件。

（3）响应面设计　在因子设计的基础上，通过设置更多的处理组合和多个水平，以建立因子与响应变量之间的关系模型。通过对模型的拟合和预测，可以找到最佳的因子水平组合，以优化实验结果。

（4）采取重复实验与随机化处理　采取重复实验和随机化处理的方法，可以减少随机误差的影响，提高实验结果的准确性和可靠性。重复实验可以提供更多的数据点，随机化可以消除实验对象之间的差异。

（5）在实验过程中控制变量　在实验过程中，需要控制其他可能影响实验结果的变量，以确保实验结果的可信度。控制变量可以通过事先设定固定条件，使用匹配和分层等方法来实现。

需要说明的是以上方法要根据具体的实验目的和条件，结合使用不同的实验设计方法，重要的是要合理规划实验过程，严格控制实验条件，确保实验结果的科学性、有效性和可靠性。

2. 数据收集与分析

通过实地调查、实验记录和数据收集，获取实验或案例相关的地理数据，并运用统计学方法进行数据分析和解释。对于数据收集与分析可以使用以下一些常用方法和步骤。

（1）数据收集方法

① 直接观察收集数据：实验者可通过直接观察实验对象，记录相关的数据。

② 问卷调查收集数据：设计和分发问卷，通过收集受访者的回答来获取数据。

③ 通过实验收集数据：通过精心设计实验，严格控制变量，确保每次实验只改变一个因素，从而确定因素间的相关性，并收集实验数据。

④ 通过面谈或访谈收集数据：与受访者进行面对面或电话或网络工具交流，通过记录他们的回答来收集数据。

⑤ 通过文献研究收集数据：通过查阅已有的文献和数据来收集相关信息。

（2）数据整理与清洗

① 收集整理数据：将收集到的数据整理成适合分析的格式，如整理成数据表格或数据库。

② 检查清洗数据：检查数据的准确性和完整性，排除错误和缺失值，确保数据的可靠性。

（3）数据分析方法

① 指标描述性统计：使用统计指标，如均值、中位数、标准差等，对数据进行总结和描述。

② 图表分析：通过绘制图表，如数据表直方图、散点图等，探索数据的分布

和关系。

③ 推论性统计：使用统计推断方法，如假设检验、置信区间等，对数据进行推断和判断。

④ 回归分析：通过建立回归数据数学模型，探究因变量和自变量之间的关系并进行分析。

⑤ 聚类分析：将收集的实验数据分为不同的类别或群体，寻找数据内部的联系模式和结构。

⑥ 影响因子分析：通过降维和整合数据变量，找到数据背后的潜在因素并开展影响因子分析。

（4）将收集、生成的数据可视化

① 将数据转化成图表使用。如将数据经软件处理成柱状图、折线图、饼图、雷达图等，将数据以图形的方式展示出来，使数据更加直观和易于理解。

② 使用可视化工具。如数据可视化平台（Tableau）、软帆报表软件（Power BI）、Microsoft Office 中的 Execl 软件等，通过交互式图表和图像对数据进行动态分析和探索。

总之，数据收集与分析是一个迭代的过程，需要根据实验实际情况灵活调整。关键在于选择合适的方法和工具，确保数据的准确性和可靠性，并从数据中提取有意义的信息和结论。

3. 选择具有代表性的地理问题开展案例研究

选择具有代表性的地理案例，如城市规划、地质灾害、区域交通规划等，通过文献查询研究、现场调查和数据分析，探讨案例中的地理问题和解决方案。案例研究是一种深入研究现实生活中的具体事件或活动的研究方法。它通常包括对个案的详细描述、数据收集和分析，以便了解个案的特点、存在的问题和解决方案。

二、探索高中地理学科创新实验和案例的一般实施步骤

（一）选择适合的研究主题

根据学科要求和学生兴趣，选择适合的地理研究主题，如环境污染、城市发展等。选择研究主题时，可以考虑以下几个方面。

1. 从兴趣和知识领域出发

选择学生感兴趣并且在某个领域有一定了解的主题，这样可以保证其对研究内容的投入和热情，并且能够更好地理解和分析相关问题。

2. 从实际应用和社会需求出发

选择与实际应用和社会需求相关的主题，这样可以使研究结果具有一定的实用性和推广价值。可以关注当前社会热点、技术发展趋势等方面的问题。

3. 在教师指导下从地理学某个领域知识空白点深入研究

选择在地理学某个领域中还存在知识空白点或者需要深入研究的主题，这样可以让有潜力的同学为学术界和相关行业提供新的见解。

（二）选择研究主题应注意事项

1. 主题选择的可行性和可操作性

选择一个可以进行实证研究和方便数据收集的主题，主题的选择具有可行性和可操作性，确保研究过程中能够获得足够多的数据和信息支持。

2. 考虑自身的研究资源和条件

考虑自身的研究资源和条件，选择一个能够在有限资源和条件下开展研究的主题。综合考虑以上因素，并与其他教师或专家进行讨论和交流，最终选择一个适合的研究主题。

（三）背景理论研究

地理学科教师要深入研究相关的地理学理论和案例，了解研究主题的背景和理论基础。

根据研究主题，设计地理实验或选择合适的地理案例。在进行高中地理学科的创新实验之前，进行背景理论研究有助于深入了解地理学科的相关理论和最新研究进展。以下是进行背景理论研究的一些建议。

1. 了解地理学科的基本理论

了解地理学科的基本理论框架，包括地球的结构与演化、地球表层地貌和气候、人地关系等内容。可以通过教科书和学术文章来学习和了解。

2. 关注地理学科的研究热点和前沿问题

关注地理学科当前的研究热点和前沿问题，了解最新的研究进展和趋势。可以浏览学术期刊、学术会议的论文摘要和综述，以及地理学界的重要研究机构和学者的最新研究成果。

3. 了解地理学科的实验方法和技术应用

了解地理学科在实验研究方面的方法和技术应用。可以阅读相关的实验方法论文，了解地理实验的设计、数据采集、数据处理和结果分析等方面新的方法和技术。

4. 关注地理学科的教学模式和教学资源

关注地理学科教学模式的创新和教学资源变化情况。了解国内外地理学科教学的最新理念、实践方式和资源，包括教学设计、教学工具和教学平台等。

5. 了解地理学科的跨学科研究

了解地理学科与其他学科的交叉研究和合作。关注地理学科与环境科学、社会科学等其他学科之间的交叉研究和合作，了解相关的理论和方法。

（四）探索高中地理学科创新实验的数据收集与分析

通过实地调查、实验记录和数据采集，收集相关地理数据，并运用统计学方法进行数据分析和解释。进行高中地理学科创新实验时，数据收集与分析是非常重要的环节。对于数据收集与分析，有以下一些建议可供参考。

1. 在数据收集方面

（1）明确实验目标　在进行实验前，要首先明确实验目的、假设和变量，并开展实验设计。确定需要收集的数据类型和方法，以及数据采集的时间和地点。

（2）选择数据采集工具　根据实验设计，选择适当的数据采集工具，如问卷调查、实地观察、实验记录、测量仪器等，确保数据采集工具的准确性和可靠性。

（3）确保数据采集过程一致　必须按照实验设计的要求，进行数据采集。要确保采集过程中的数据准确、完整和一致。

（4）检查数据质量　采集数据时，要注意数据质量的控制。如进行数据验证、重复采集、数据整理和处理等，确保数据的准确性和可靠性。

2. 在数据分析方面

（1）进行数据整理　对收集到的数据进行整理和处理，确保数据的完整性和一致性。删除无效数据和异常值，并对数据进行分类、编码和标记。

（2）进行数据统计与描述　对数据进行统计和描述分析，包括计算平均值、中位数、标准差、相关系数等。使用表格和图形展示数据分布和趋势。

（3）进行数据推理与解释　通过对数据的分析和比较，进行推理和解释。根据实验目的和假设，分析数据之间的关系和影响，并给出合理的结论和解释。

（4）进行数据的分析结果验证　对数据的分析结果进行验证和讨论，与实验设计和理论背景进行比对，验证结果的准确性和可靠性。可以使用敏感性分析和假设检验等方法来验证结果。

（5）呈现数据的分析结果　将分析结果以清晰、简洁的方式呈现。可以使用表格、图形和报告等形式，使结果易于理解和分析。在进行数据收集和分析时，要注意保护数据的隐私和安全，确保数据的合法性和机密性。同时，要进行合理的数据解读和结果探讨，避免主观臆断和片面解释。数据收集与分析是实验的重要环节，操作要科学严谨，确保结果的准确性和可靠性。

（五）实验结论或案例总结与讨论

总结实验或案例，并进行分析和讨论，探讨地理要素之间的关系和影响机制。在高中地理学科创新实验结论与讨论部分。

1. 实验结果讨论

教师要引导学生根据数据分析的结果，进行推理和解释。分析数据之间的关系和影响，并与实验目的和假设进行比较。讨论实验结果是否支持假设，是否与理论预期相符，是否存在异常或不确定性。

2. 实验结果验证和可信度检验

教师要引导学生对实验结果进行验证和讨论，与实验设计和理论背景进行比对。讨论结果的可靠性和可信度，包括数据收集和分析的方法、数据质量控制、样本大小和代表性等因素。

3. 实验结论的意义及应用

讨论实验结论的意义和应用，及对地理学科的理论和实践有何贡献。可以将实验结论与现实环境、地理问题或可持续发展等方面进行联系和探讨。

（六）实验结论或案例的展示与分享

教师要引导学生将实验结论或案例以报告、海报或其他展示形式展示和分享给其他同学和老师。展示内容包括实验背景和目的、实验设计和方法、数据分析过程、实验结论等。

（七）实验的结论和展望

总结实验的主要结论，并提出未来的研究方向和改进的建议。在结果展示与分享部分，要将数据和分析结果以简洁、清晰易懂的方式展示出来，使用具体的数据和实例来支持结论和观点。同时，要注意语言表述的准确性和科学性，避免过度解读和主观臆断。最后，可以通过讨论和交流来与他人分享实验研究者的实践经验和思考，探索实验的局限性和可改进性以便更好地理解和评价实验结果。

总之，探索高中地理学科创新实验和案例的理论框架和方法包括基于地理学理论的实验设计和案例研究、数据收集与分析、对比分析等。在实施过程中，需要选择合适的研究主题、设计实验步骤和选择案例、进行数据收集与分析，并结合理论进行结果总结与讨论，最后将结果展示和分享给他人。

三、案例研究示例：学生对购买宁夏贺兰山东麓葡萄酒用户行为的社会调查活动

（一）案例名称

某电商平台的用户购买宁夏贺兰山东麓葡萄酒行为分析

（二）教学目标

了解该电商平台上用户购买宁夏贺兰山东麓葡萄酒的特点，探索影响用户购买决策的因素，为电商平台提供优化建议。

（三）调查步骤

1. 首先进行调查数据收集

（1）收集用户购买宁夏贺兰山东麓葡萄酒的相关数据，包括购买日期、购买数量、购买金额等。

（2）收集用户的个人信息，如年龄、性别、地理位置等。

（3）收集用户的行为数据，如浏览网页次数、搜索关键词、是否将货物加入购物车等。

2. 进行数据整理与处理

（1）将收集到的数据整理成适合分析的格式，如建立购买记录的数据表格。

（2）检查数据的准确性和完整性，排除错误信息和缺失值。

3. 数据分析

（1）进行描述性统计　统计购买宁夏贺兰山东麓葡萄酒的用户的购买频率、购买金额的分布等。

（2）进行统计数据分析　利用数据统计软件，通过绘制图表如购买金额的直方图、不同用户群体的购买频率的散点图等，探究数据的分布和关系。

（3）进行数据回归分析　建立购买金额和用户特征之间的回归模型，如购买金

额与用户年龄、性别、地理位置的关系。

（4）其他适用的数据分析方法　如不同葡萄酒消费群体饮酒时间的数据分析。

4. 将分析数据可视化

（1）使用图表如购买金额的折线图、用户年龄分布的柱状图等，将数据以图形的方式展示出来，使数据更加直观和易于理解。

（2）使用可视化工具如数据可视化平台（Tableau）、帆软报表软件（Power BI）、Microsoft Office 中的 Excel 软件等，通过交互式图表和仪表盘，对数据进行动态分析和探索。

5. 数据比较和对比分析

通过比较不同地理实验案例之间的差异和相似之处，分析地理要素的影响因素和变化规律。可以从以下几个方面进行比较和对比分析。

（1）用户特征比较　比较购买宁夏贺兰山东麓葡萄酒的用户与其他葡萄酒的用户在年龄、性别、地理位置等方面的差异。例如，是否存在特定年龄段或性别对宁夏贺兰山东麓产葡萄酒更感兴趣的情况。

（2）用户购买行为比较　比较购买宁夏贺兰山东麓葡萄酒的用户与其他葡萄酒的用户在购买频率、购买金额、购买渠道等方面的差异。例如，宁夏贺兰山东麓葡萄酒的用户是否更倾向于在电商平台上购买，是否有更高的购买频率。

（3）用户消费偏好比较　比较购买宁夏贺兰山东麓葡萄酒的用户与其他葡萄酒的用户在口味偏好、品牌偏好、消费意愿等方面的差异。例如，宁夏贺兰山东麓产葡萄酒的用户是否更偏好某种特定口味的葡萄酒，是否对品牌认知度有更高的要求。

（4）影响用户购买决策比较　比较购买宁夏贺兰山东麓葡萄酒的用户与其他葡萄酒的用户在影响购买决策的因素上的差异。例如，宁夏贺兰山东麓葡萄酒的用户更看重产品的产地、口碑评价等因素，还是更看重价格优惠、促销活动等因素。通过比较和对比分析，可以发现购买宁夏贺兰山东麓葡萄酒的用户的独特特点和购买行为规律，进而优化产品推广和营销策略，提高销售效果和用户满意度。

6. 结论与建议

（1）结论，总结用户购买宁夏贺兰山东麓产葡萄酒的特点和规律。

（2）建议，如针对不同用户群体的个性化推荐、提高用户购买率等。

通过以上步骤的分析，可以深入了解用户购买宁夏贺兰山东麓产葡萄酒的行为特点和规律，有针对性地为电商平台提供优化建议和营销策略。

第一章 新课标视域下高中地理学科创新实验探索

第一节 新课标视域下地理学科的变革与创新

自新课程标准颁布以来，在其规范引领下，地理学科的变革与创新不断深入开展，这主要体现在以下几个方面。

一、地理知识内容的更新

地理学科新课标的变革与创新首先体现在知识内容的更新上。随着社会的发展和科技的进步，地理学科的知识内容也需要与时俱进。地理学科新课标注重引入新的理论、概念和研究成果，包括全球化、可持续发展、城市化等新兴领域的知识内容。新课标视域下地理学科知识内容的更新主要体现在以下方面。

（一）引入新的理论和概念

地理学科新课标注重引入新的理论和概念，如全球化、可持续发展、城市化、人地协调观等。全球化理论探讨了全球范围内的社会、经济和文化交流与互动，可持续发展理论关注人类社会与自然环境的协调发展，城市化理论研究城市化进程及其影响。这些新的理论和概念使学生能够更好地理解和解释当代社会和环境问题，关注社会的发展。

（二）更新地理实例和案例研究

地理学科新课标更注重更新地理实例和案例研究，以呈现实际问题和真实情境。

以往教材中的地理实例和案例无法完全反映当今社会和环境的变化，可能已经时过境迁。地理学科新课标通过引入最新的地理实例和案例，使学生能够更好地理解和应用地理知识。

（三）引入新技术

地理学科新课标注重新技术的应用，如引入卫星遥感、地理信息系统等技术研究的最新成果。新技术的应用为地理研究和教学提供了更多的数据和工具，使学生能够更深入地研究地理问题，并能够利用技术手段进行地理实践和应用。如引导学生利用遥感图像分析某地质灾害频发的原因以及演化的过程。

（四）关注地理学科的前沿领域和最新成果

地理学科新课标强调关注地理学科的前沿领域和最新成果，如人文地理学、社会地理学、环境地理学等的最新研究成果。这些前沿领域的研究成果和理论有助于学生拓宽视野，深入了解地理学科的多样性和复杂性。通过更新地理学科的前沿知识内容，能够更好地适应社会的发展和科技的进步，培养学生的创新思维和问题解决能力，学生能够更好地应对当代社会和环境的挑战。

二、注重地理学科的跨学科性

地理学科新课标注重与其他学科的交叉融合，强调地理学与其他学科的共同研究和合作。地理学与环境科学、经济学、社会学等学科之间的交叉研究和合作成为地理学科新课标发展的重要特点。传统上，地理学科被认为是一门自然科学或社会科学，但地理学科新课标强调了地理学科的跨学科性，即与其他学科进行交叉和融合。新课标视域下地理学科跨学科融合教学需要从以下几个方面去理解。

（一）更好地将自然科学与社会科学融合

地理学科新课标强调自然地理和人文地理的有机结合。自然地理研究地球自然系统、地貌、气候变化、地质等自然现象，而人文地理研究人类社会、文化、经济等人文现象。地理学科新课标将自然地理和人文地理进行融合，使学生能够更全面地理解地球上的自然与人文现象之间的相互关系，从而加深对人与环境协调发展的理解。如将区域文化融入地理学科，学生能更好地理解区域文化的整体性和差异性特征。

（二）注重引入跨学科的研究方法和工具

地理学科新课标注重引入跨学科的研究方法和工具，如地理信息系统（GIS）、卫星遥感、数理统计等。这些研究方法和工具不仅在地理学科中使用，也在其他学科领域广泛应用。通过学习和应用这些跨学科的研究方法和工具，学生能够更好地进行跨学科的研究和分析。如利用物理学原理和数学模型来解决地理实际问题。

（三）注重融入其他学科的知识内容

地理学科新课标要求将其他学科的一些知识内容融入其中，如物理学、化学、生物学、经济学、政治学等。通过融入其他学科的知识内容，地理学科能够更好地解释地理现象和问题，拓宽学生的学科视野。例如，融入思想政治学科的内容开展对学生科学价值观的培养，将思政课程的教学理念融入地理学科的教学中，对学生的人生观、价值观进行潜移默化的培养，培养他们爱国、爱乡的情感。通过强调地理学科的跨学科性，地理学科能够更好地与其他学科进行交流和合作，促进学科之间的互动和创新。学生在学习地理学科新课标的过程中，不仅能够获得地理知识，还能够培养跨学科思维和能力，提高综合分析和问题解决能力。

三、注重地理学科的实践性

地理学科新课标的变革与创新之一是注重学科的实践性，注重培养学生的实践能力和解决问题的能力。通过实地考察、实验研究等实践活动，帮助学生将地理知识应用于实际问题的解决过程中，培养学生的实践意识和创新精神。传统上，地理学科主要注重理论知识的传授和学习，而地理学科新课标强调学生实践能力的培养和实践活动的开展，从而培养他们的地理核心素养。新课标视域下地理学科实践性的主要表现在以下方面。

（一）鼓励学生进行实地考察

地理学科新课标鼓励学生进行实地考察，以提高他们对地理现象的观察和分析能力。学生可以到户外进行野外地理考察，观察地表特征、气候变化、植被的演化等自然现象，也可以到城市、农村等地进行考察，了解人口分布、经济发展、交通布局变化等人文现象。通过实地考察，学生能够体验地理现象，加深对地理知识的理解和应用。

（二）引入实践性的学习任务和项目

地理学科新课标引入了实践性的学习任务和项目，让学生在实践中学习地理知识。通过引入实践性的学习任务和项目，学生能对学习地理科学知识产生更多的兴趣，带着任务学习对于学生来说就有了学习的基本动力。例如，学生可以通过制作地图、模拟地球自然系统、地理数据分析等活动，探索地理现象和问题。这样的学习任务和项目能够培养学生的实践能力和创新思维，提高他们解决实际问题的能力。

（三）鼓励学生参与社区和社会实践活动

地理学科新课标鼓励学生参与社区和社会实践活动，将地理知识应用于实际生活中。例如，学生可以参与社区环境保护活动，观察和记录环境变化；也可以参与社会调查和研究，了解社会发展和变化的地理背景。通过参与社区和社会实践，学生能够将地理知识与社会实践相结合，提高解决实际问题的能力。

总之，通过注重学科的实践性，地理学科使学生能够将地理知识与实际生活中的问题相结合，培养他们的实践能力和创新精神。学生在实践中学习地理知识，不仅能够提高他们的学习兴趣和动力，也能够更好地应对未来的社会和职业挑战。

四、注重地理学科的多样性

地理学科新课标注重培养学生的多元思维和多元能力，不再固守传统的地理学科范畴，而是鼓励学生从不同视角、不同维度来认识和分析地理问题，培养学生的多元思考和创新思维能力。传统上，地理学科主要注重地理知识的传授和学习，而地理学科新课标强调学生综合能力的培养和多样化学习内容的引入。新课标视域下地理学科多样性主要有以下方面的表现。

（一）注重多样化的学习内容

地理学科新课标引入了更广泛、更多样的学习内容，包括自然地理、人文地理以及地理技术和应用等方面。学生不仅可以学习地球的物理特征和自然现象，还可以了解人类活动对地球的影响以及地理技术在实践中的应用。通过多样化的学习内容，学生可以全面了解地理学科的多样性和丰富性。

（二）注重多样化的学习方法

地理学科新课标鼓励学生采用多样化的学习方法，如实地考察、实验探究、案例分析等。学生可以通过实践活动、小组讨论、信息搜索等方式进行学习，培养他们解决问题的能力、合作能力和创新思维。通过多样化的学习方法，学生能够更好地理解和应用地理知识。

（三）注重多样化的评价方式

地理学科新课标采用多样化的评价方式，包括考试、实践报告、项目研究等。学生不仅需要掌握地理知识，还需要展示他们的实践能力和创新思维。通过多样化的评价方式，学生能够全面展示他们的学习成果和能力发展情况。

总之，新课标视域下通过注重学科的多样性，使学生能够全面了解地理学科的综合性，培养他们的综合能力和创新精神。学生在多样化的学习内容和方法中学习地理知识，不仅能够提高他们的学习兴趣和动力，也能够更好地应对未来的社会和职业挑战。

五、注重学科的综合性

地理学科新课标注重培养学生的综合素质和能力。除了地理学科的专业知识外，还强调培养学生的语言表达能力、信息获取和处理能力、团队合作能力等综合素质，使学生能够在地理问题中进行综合分析和判断。传统上，地理学科被视为自然科学或社会科学中的一个分支，学习内容主要侧重于地球的自然和人文特征。然而，地理学是一门综合性的学科，地理学科新课标强调地理学的综合性和交叉性。地理学科新课标的综合性有以下几个方面的体现。

（一）强调自然地理与人文地理的融合

地理学科新课标将自然地理和人文地理融合在一起，强调地理系统的整体性。学生不仅需要学习地球的自然特征，如地貌、气候、生态等，还需要了解人类活动对地球的影响，如城市化、工业化、农业发展等。通过综合学习自然地理和人文地理，学生能够全面了解地理系统的运作机制。

（二）强调地理知识与地理技术的结合

地理学科新课标强调地理知识与地理技术的结合，注重地理技术在地理研究和实践中的应用。学生不仅需要学习地理知识，还需要掌握地理技术、工具和方法，如地理信息系统（GIS）、遥感技术等。通过综合学习地理知识和地理技术，学生能够更好地理解地理现象和问题，并运用地理技术解决实际问题。

（三）强调地理学科与其他学科的交叉融合

地理学科新课标强调地理学科与其他学科的交叉融合，注重跨学科的综合研究。学生不仅需要学习地理学科本身的知识，还需要了解和运用其他学科的知识，如物理学、化学、经济学、社会学等。通过跨学科的综合研究，学生能够更全面地认识和理解地理现象和问题。

总之，通过注重学科的综合性，学生能够全面了解地理学科的丰富性和交叉性，培养他们的综合能力和创新思维。学生能够综合运用地理知识、地理技术和其他学科的知识解决实际问题，为职业发展做好准备，为未来社会发展作出贡献。

第二节　新课标视域下地理学科创新教学实验设计与实践

新课标视域下地理学科鼓励创新教学实验设计和实践，以促进学生的主动参与和实践能力的培养。以下是新课标视域下地理学科创新教学实验设计与实践的一些思路和方法。

一、倡导问题导向的实验设计

问题导向的实验设计是一种以地理问题为核心，使学生通过实验来解决地理问题的教学设计方法。这种设计不仅能够帮助学生理解地理现象背后的原理，还能培养他们的科学思维能力和解决问题能力。

（一）确定实验目标和创设问题

首先确定实验的目标和创设要解决的地理问题。例如，搜集和整合资料，选择一些与城市化相关的问题，如城市扩张对农田面积、农业生态、居民消费观念、文化趋同性的影响。

（二）根据创设的问题设计实验步骤

根据创设的问题，设计实验的步骤和流程。例如，在城市扩张对农田面积影响的实验中，包括以下步骤：选择银川城市边缘一片农田进行观察和测量；模拟城市扩张的情景，使用标志物（如彩色图钉）代表建筑物，放置在农田上；最后测量城市扩张后农田面积的变化。

（三）组织学生收集和分析实验数据

在实验进行过程中，学生需要收集实验数据，并整理汇总数据进行分析和解释。例如，在城市扩张实验中，学生可以测量扩张前后农田的面积，然后计算出城市扩张对农田面积的影响，也可以利用遥感图来对比分析城市扩张前后对农田面积的整体影响。

（四）组织学生讨论实验结果，回答实验中的问题

学生根据实验结果进行讨论和分析，回答实验中的问题。例如，在城市扩张实验中，学生可以讨论城市扩张对农田面积、城市生活资料供应、城市交通道路网布局的影响等，并提出解决问题的对策和建议。

（五）组织学生总结实验结果和展示实验成果

实验完成后，学生可通过总结实验结果和经验，向全班展示实验成果。例如，学生可以以实验报告、手抄报、图片、成果展示板、小论文等形式，展示他们的实验设计和结果。

总体来讲，问题导向的实验设计能够培养学生的地理问题解决能力和探索精神，激发学生的学习兴趣和创新思维。通过实验解决地理问题，学生能够将理论知识与实践相结合，深化对地理学科的理解和认识。实验设计以问题为导向，让学生在实验中提出问题、探究问题，并通过利用实验数据和实验现象进行分析来最终解决地理问题。

二、基于地理信息技术的实验分析

利用地理信息技术工具和方法设计实验，让学生运用地理信息技术解决实际问题。基于地理信息技术的实验设计能够帮助学生更好地理解地理概念和现象，并培养他们运用地理信息技术解决问题的能力。下面是基于地理信息技术的实验设计的思路和方法。

（一）组织学生利用地理信息系统（GIS）分析

设计实验，收集银川市的人口分布、土地利用、交通网络等基础空间数据，指导学生使用 GIS 软件分析和比较银川市兴庆区、金凤区、西夏区的人口分布、土地利用、交通网络等空间数据，以探究银川市城市化进程对人口变化的影响和人口分布规律。

（二）**组织学生利用遥感（RS）图像解译**

指导学生使用遥感图像解译软件，分析和比较银川市三区的植被覆盖、土地利用类型等信息，探究人类活动对自然环境的影响和变化。也可以使用遥感图像解译软件解译2010年和2022年银川市的植被覆盖、土地利用类型等信息，探究城市化进程对自然环境带来的变化，也可以探究银川市城市化进程对城市湿地环境的影响。

（三）**让学生利用全球定位系统（GPS）进行地理位置定位**

设计实验，指导学生通过使用 GPS 定位设备或手机 APP，参与某个区域的地理位置定位的实践，比较不同地点的经纬度、海拔等参数，了解地理位置与地理环境的关系。例如，组织学生探究银川市的商业中心的区位因素，特别要探讨新布局的商业中心的区位因素，组织学生探讨区位因素的变化对商业中心布局的影响。

（四）**组织学生使用 GIS 软件进行空间分析和模拟**

指导学生使用地理信息技术工具和方法，进行空间分析和模拟实验。例如，设计一个关于我国西南喀斯特地貌山地旱涝灾害风险评价的实验，让学生使用地理信息系统和数学模型，分析旱涝灾害的潜在风险区域、影响范围等。

（五）**组织学生利用数字地球平台开展实践**

利用数字地球平台让学生参与数字地球实践项目，分析和解释地球表面的地貌特征、气候变化和植被变化等现象。例如，设计一个关于气候变化的实验，让学生使用数字地球平台的气候数据，分析全球气候变化的趋势以及带来的潜在影响。例如，学生可以开展未来全球气候变化给内蒙古草原羊草物候带来的影响，并分析探究羊草物候的变化对当地畜牧业的影响。

总之，通过基于地理信息技术的实验设计与实践，学生能够直观地观察和分析地理现象，培养他们的数据分析和空间思维能力。同时，他们也能够了解和运用地理信息技术工具，为解决实际地理问题提供支持和解决方案。

三、将实地考察与实验相结合

将野外实地考察与实验结合起来，让学生通过实地考察观察现象和收集数据，然后回到实验室进行数据分析。实地考察和实验结合的教学设计能够让学生体验地理现象和地理过程，增强他们的地理实践能力和野外观察力。

（一）组织学生开展地理现象观察

选择一个具有代表性的地理现象，如河流侵蚀地貌、海岸侵蚀地貌或风力侵蚀地貌等，组织学生进行实地考察和观察。在野外实地考察的过程中，引导学生观察地理现象的特征和变化，记录所见所闻，最终形成观察报告。例如，组织学生到中卫沙坡头实地观察风积地貌，考察中卫沙坡头荒漠化治理所采取的具体措施。将课本知识与现实考察相结合，使学生能更好地理解风积地貌的形成过程，了解荒漠化对人类活动的影响。

（二）组织学生进行地理现象测量与分析

在实地考察的基础上，设计一系列测量实验，让学生通过测量和分析数据，深入理解地理现象的规律和影响因素。例如，针对河流侵蚀现象，可以设计测量河流流速与河床沉积物的关系实验，让学生分析河流侵蚀速率与河流水文特征的关系；也可以在地貌的观察中设计测量某块区域的高度、坡度和坡向的实验并进行数据的分析，最后完成分析报告。

（三）组织学生开展地质构造探究

选择一个具有特殊地质构造的地区，组织学生进行实地考察和采样，收集地质构造的数据。学生到野外进行岩石采样，将岩石样品拿回实验室进行实验分析，研究地质构造的形成原因和变化过程。例如，银川市的学生可以组织他们到贺兰山苏峪口实地探究贺兰山大断层的形成原因和变化过程。

（四）组织学生解决现实地理问题

选择一个具体的地理现实问题，如城市交通拥堵、水资源利用或城市水污染等，组织学生进行实地调查和实验研究，提出解决方案。例如，学生可以调查城市交通网络布局、城市交通拥堵的原因和影响，设计一个测量交通流量的实验，提出优化交通路线和科学管理交通的建议；学生可以调查干旱地区传统灌溉方式导致土地盐碱化的现状，并试着提出合理的解决方案。

（五）组织学生开展地理模拟实验

利用模拟实验装置和工具，让学生模拟地理现象和过程。例如，利用沙盘模拟实验装置，让学生模拟河流侵蚀过程，观察河流的形态变化和河床的演变，以及河口三角洲的演化过程；也可以设计一个实验装置模拟风海流的形成过程。

总之，通过野外实地考察和实验结合的教学设计与实践，学生能够亲身感受地理现象和地理过程，培养他们的实践力和观察力。同时，学生也能够应用所学的地理知识和技能，解决实际地理问题，提高他们的综合能力和创新思维。

四、教师要鼓励学生开展小组合作实验设计

鼓励学生在小组合作中进行实验设计和实践，培养学生的团队合作能力和创新思维。小组合作实验设计是一种有效的地理学科创新实验设计方法，可以培养学生的合作能力和团队精神。以下提供一个小组合作实验设计的案例示例，以供大家教学参考。

（一）实验主题

城市化与环境质量之间的关系。

（二）实验目的

通过野外实地调查和实验室实验研究，了解城市化对城市环境质量的影响，并提出改善城市环境质量的建议。

（三）设计实验过程

1. 分组

教师将学生分成若干个小组，每个小组由4~5名学生组成。确保每个小组的成员尽可能具有不同的专长和能力，做到分组合理。

2. 野外实地调查

每个小组选择一个具有代表性的城市地区，进行实地考察。学生在实地考察中可以观察城市环境不同方面的内容，如调查空气质量、噪声污染、水质等，记录调查数据和所见所闻。

3. 收集调查数据

每个小组根据实地考察的结果，收集相关的调查数据。可以通过采集空气样本分析大气的组成、通过噪声仪测量噪声水平等方式获取数据。

4. 整理和分析数据

以小组成员共同整理和分析的数据，利用地理工具和方法，探究城市化对城市环境质量的影响。通过绘制图表、制作地图、制作展示板等方式展示数据分析结果。

5. 设计实验

根据实地调查和数据分析的结果，小组成员共同设计一项改善城市环境质量的实验。实验可以涉及空气净化、噪声控制、生态建设等方面。

6. 开展实验

每个小组按照实验设计的方案，开展实验。实验过程中，小组成员可以分工合作，共同完成实验操作并记录实验数据。

7. 结果呈现和讨论

小组成员共同分析实验结果，讨论设计实验的有效性和改进空间。每个小组可以进行实验结果的展示，并与其他小组进行交流和分享。

8. 提出结论和建议

每个小组整理实地调查数据、分析数据和验证实验结果，给出相应的结论并提出改善城市环境质量的建议。

总之，通过小组合作设计实验，学生可以充分发挥团队合作的优势，互相学习和借鉴，共同完成实验任务。同时，学生也能够锻炼自己的分析能力和创新思维，提高地理学科的学习效果和实践能力。

五、通过实践项目运用地理学科知识解决现实问题

将地理学科的知识和技能应用到现实问题的解决中，让学生通过实践项目培养创新思维和实践能力。实践项目是地理学科创新实验教学设计与实践的重要组成部分，通过学生实际参与和解决社会和环境问题，培养学生的地理实践能力和社会责任感。下面是一个实践项目的案例步骤以供参考。

（一）项目主题

银川市的水资源管理与可持续发展。

（二）实践项目的目标

通过实地调查和解决实际问题，培养学生的水资源管理意识，探索可持续发展的水资源利用方式。

（三）实践项目过程安排

1. 选择需要解决的地理问题

学生们可以根据实际情况选择一个与水资源管理相关的具体问题，如水污染、水

供应不足、水资源浪费等问题。

2. 开展实地调查

学生们到实地进行调查，了解问题的具体情况。可以采集水样进行水质测试，观察水资源的供应状况，并与当地居民进行交流，了解他们的需求和问题，或者入户调查收集居民的月消耗水量和缴纳的水费。

3. 收集调查数据

学生们根据实地调查的结果，收集相关的数据。可以通过测量水质指标、统计水资源使用情况等方式获取数据。

4. 整合和分析数据

学生们共同分析和整理数据，利用地理工具和方法，探究问题的成因和影响。可以通过绘制图表、制作地图等方式展示数据分析结果。

5. 设计解决地理问题的方案

学生们根据数据分析的结果，共同设计探究解决问题的方案。考虑如何利用现有技术改善水质、提高水资源利用效率等。

6. 开展项目方案的实施

学生们按照设计的项目方案来实施解决方案。可以进行实验、建设新设施、采用新技术等方式实施解决方案，并记录实施过程和结果。

7. 实施过程结果反馈和项目改进

学生们对实施过程和结果进行反馈和评价，并根据反馈和评价结果进行改进。可以与当地居民进行深入访谈交流，听取他们的意见和建议。

8. 进行项目结果展示

学生们可以将整个项目的过程和结果进行展示。可以通过海报、演示文稿、短视频等方式展示项目的成果，并与其他学生和老师进行交流和分享。

通过解决现实问题的实践项目，学生们可以从理论到实践，全面了解和解决实际问题。同时，学生们也能够锻炼自己的创新能力和解决问题的能力，提高地理学科的实践能力和社会责任感。结合地理学科新课标通过创新实验教学与实践，能够激发学生的学习兴趣和动力，培养学生的实践能力和创新思维，使他们能够将地理学科的知识和技能应用到实际生活和工作中。

第三节　地理学科新课标创新教学的评价与改进

地理学科新课标创新教学的关键在于对教学效果进行评价，并根据评价结果改进教学。具体的做法如下。

一、学生对教学效果进行评价

可以通过问卷调查、小组讨论等方式收集学生的意见和建议。收集学生对教学内容、教学方法和教学效果的反馈和评价，了解他们对课堂的参与度、学习收获等方面的看法。学生评价是评价地理学科教师创新教学的重要一环，通过了解学生对教学的反馈和评价，可以获取对教学效果的直接反映，并为改进教学提供参考。首先，学生评价可以反映出学生对地理学科创新教学的兴趣和参与程度。如果学生对教学内容感兴趣，能积极参与讨论和实践活动，那么说明教学创新的方式和方法是成功的；反之，如果学生对教学内容不感兴趣，缺乏积极性，那么可能需要重新考虑教学内容的设置和教学方法的选择。其次，学生评价可以反映出学生对地理学科知识的理解和掌握程度。如果学生能够清晰地表达所学知识，并能够灵活运用到实际问题解决中，那么说明教学创新的方式和方法是有效的；反之，如果学生对所学知识理解模糊，应用能力不强，那么可能需要重新考虑教学内容的安排和教学方法的调整。最后，学生评价可以反映出学生对地理学科创新教学的满意度和意见。通过学生的评价，可以了解学生对教学过程和效果的满意度，以及他们对教学的改进建议。学生的满意度可以直接反映教学的效果和学生的学习体验，而学生的建议和意见可以帮助教师进一步改进教学策略、提高教学效果，使学生具有更好的学习获得感。

总之，学生评价对于评价和改进地理学科创新教学是非常重要的。教师应该重视学生的评价，积极听取学生的意见和建议，不断优化教学方式和方法，提高教学质量和效果。

二、教师对教学效果进行评价

教师评价是对新课标视域下地理学科创新教学进行评价和改进的重要环节。可以通过观察、记录、讨论等方式，对教学设计和教学实施过程进行评价，评价内容主要包括教学目标的预判和设定、教学资源的利用、教学方法的选择等方面。教师评价的目的是帮助教师了解自己的教学效果，发现教学过程中出现的问题，并进行改进。教师评价主要表现在以下方面。

（一）评价教学目标的预判与设定

教师是否能够根据地理学科新课标的要求，科学合理设定教学目标，设定的教学目标应该具有明确、具体、可衡量的特点，预判设定的教学目标要与学生的需要相匹配。

（二）评价教学内容的选择和组织

教师是否能够根据学生的实际情况，合理选择和组织教学内容。教师应该根据学生的学习能力和兴趣，选择恰当的教材、教具和教学方法，使学生能够理解和掌握地理知识，具有获得感。

（三）评价教师教学方法的运用

教师是否能够灵活运用多种教学方法来激发学生的学习兴趣和带动学生积极参与。教师应该采用混合式教学，特别注重启发性教学、合作学习和实践教学，以学生为中心，使学生能够主动参与学习，培养他们的创新思维和实践能力。

（四）评价学生的学习效果

教师是否能够及时、准确地评价学生的学习效果。教师应该采用多种评价手段，如考试、作业、小组讨论等，全面了解学生的学习情况，及时发现教学过程中存在的问题，并采取相应的教学措施进行改进。改进教师评价的方法主要包括以下内容。

1. 学校的学术委员会要建立完善的评价体系

学校的学术委员会要为教师提供明确的评价标准。首先要建立科学、全面、客观的教师评价体系，包括教学目标、教学内容、教学方法和教学效果等方面的评价指标，其次要公正、公开、科学地评价。

2. 学校应鼓励教师注重自我评价

自我评价有利于教师深刻认识自己教学过程中存在的问题。鼓励教师进行自我评价，通过反思教学过程和结果，发现问题并进行改进。教师可以通过观察学生的学习情况、听取学生的意见和建议等方式进行自我评价。

3. 学校应为教师提供专业培训和指导

学校应为教师提供专业培训和指导，以帮助他们提高教学水平。培训内容可以包括新课标地理学科的理论知识、教学方法和评价技巧等方面，在选聘培训专家时，应该选聘那些接地气、有丰富一线从教经验的专家，不然就会出现培训内容无的放矢，无法满足教师的需求，无法引起学科教师学习兴趣的问题。

4. 学校应为教师建立交流平台

建立教师交流平台，促进教师之间互相学习和交流。教师可以通过分享自己的教学经验和教学资源，互相借鉴和学习，提高教学效果。

总而言之，通过教师评价和改进，可以促进地理学科新课标创新教学的发展，提高学生的学习效果和创新能力。

三、评价学科教师的教学成果

可以通过期中和期末考试成绩、平时的作业质量、日常的课堂表现等方式对学生展开评价。评价学生在教学中的学习成果是否达到预设的教学目标，主要包括对必备知识掌握程度、关键能力中的思维能力的培养等方面的评价。地理学科新课标创新教学的评价与改进中的教学成果评价，学科教师可以尝试从以下几个方面进行评价。

（一）评价学生学习成绩

可以采取通过定期考试、作业评分和课堂参与情况等方式进行评价，评价学生在地理学科知识和技能方面的学习成绩，主要包括考试成绩、作业完成情况、课堂表现等。如果学生的学习成绩较好，说明教学成果良好；如果学生的学习成绩不理想，可能需要教师及时改进教学方法和内容。

（二）评价学生兴趣和参与度

兴趣是学生能否学好地理学科知识的关键所在，可以通过观察学生的课堂表现、听取学生的反馈等方式来评价学生对地理学科的兴趣和参与度，评价的内容主要包括课堂讨论的积极程度、参与活动的热情等。如果学生对地理学科表现出较高的兴趣和参与度，说明教师的教学成果良好；如果学生对地理学科缺乏兴趣和参与度，可能需要教师依据学情及时改进教学方法和内容。

（三）评价学生思维能力和创新能力

可以通过课堂讨论、小组合作、独立思考等方式来评价学生在地理学科思维能力和创新能力方面的表现，评价内容主要包括解决问题的能力、提出创新观点的能力等。如果评价的结果是学生在思维能力和创新能力方面表现较好，说明教学成果良好；如果学生在思维能力和创新能力方面表现不佳，可能需要教师及时改进教学方法和内容。

（四）评价教学资源和教学环境

评价教学资源和教学环境对地理学科教学的支持程度，主要评价内容包括教材、教具、实验设备等教学资源的充足度、完整度和使用情况，以及教室、实验室等教学环境的舒适度和安全性。如果教学资源和教学环境能够有效支持地理学科教学，说明教学成果良好；如果教学资源和教学环境存在不足，可能需要教师及时地调整教学资源和改善教学环境。

总之，新课标教学成果评价可以从学生学习成绩、学生兴趣和参与度、学生思维能力和创新能力以及教学资源和教学环境等多个维度进行评价和改进。最终的评价结果可以为教师提供改进教学方法和内容的参考，进一步提高地理学科教学的质量和效果，提高学生对地理学科学习的兴趣。

四、改进教学设计

改进教学设计是指在评价地理学科新课标创新教学后，教师对教学内容、教学方法、教学资源等方面做出调整和改进，来提高教学质量和学生的学习效果。依据教学的评价结果、学情，可以对教学设计进行改进，通过适当调整教学目标、内容、方法等，以提高教学的针对性和实用性。下面是教师改进教学设计的一些常用方法，供本学科教师在教学评价后改进教学设计时参考。

（一）修订和更新教学内容

依据教学评价的结果，教师对教学内容进行科学修订和更新。可以增加与实际生活和社会发展紧密相关的地理案例来进行分析，使学生对案例有亲切感和兴趣感。引入新的地理研究成果和实践案例，以便提高学生的实践能力和创新思维。

（二）改进教学方法

依据评价结果，教师可适度调整和改进教学方法。教师可以采用多样化的混合式教学方法，如课堂讨论、小组合作学习、任务驱动、问题链实地考察和开展实验等。通过这些方法来激发学生的学习兴趣和参与度，培养学生的自主学习能力。

（三）更新教学资源

评价教学过程中，教师要有一双敏锐的眼睛，善于发现教学资源不足或不适应学生需求的资源，这时必须增加和更新教学资源。现代教学获取资源的途径是灵活和多样的，可以利用互联网资源、地理实验室、地理信息系统等现代教学工具和设备，为学生提供更多的实践机会和地理信息的获取途径，来丰富和拓展他们的知识。

（四）加强学习过程管理、教学效果的评价，根据反馈意见及时改进

在改进教学设计的过程中，教师可以加强学生学习过程管理和教学效果的评价，根据学生反馈意见及时调整。教师可以采用多元化的评价方式，如作业、考试、项目评价、学生自评等，及时发现学生的学习困难和问题，及时提供帮助和指导意见。

（五）以自我反思促进教师理念更新与技能提升

授课教师在改进教学设计的同时，也需要进行自我反思。教师可以通过参加教学培训、专题研讨会等活动来反思自己的教学，吸纳好的教学理论和教学经验来增强教学能力和更新教学理念。同时，积极与其他教师进行交流和合作，分享教学经验和教学资源。

通过以上的方法改进教学设计，可以促进地理学科新课标创新教学的发展，提高学生的学习效果和教学质量。同时，也能够培养学生的创新思维和实践能力，为学生的终身发展奠定坚实的基础。

五、教师对学生的反馈进行指导

教师对学生的反馈进行指导是评价和改进地理学科新课标创新教学的重要环节。依据评价结果，针对学生反馈意见进行指导；针对学生的学习成果和表现，教师可以提供个别指导和建议，以促进他们的成长。教师在指导时应选择适合的方法至关重要，好的方法学生更易接受指导。以下是一些可行的指导的方法，仅供学科教师参考。

（一）收集学生反馈意见形式多样化

可以通过问卷调查、小组讨论或个别面谈等形式定期收集学生的反馈意见。从学习内容、教学方法、教材使用等方面进行询问，收集学生的反馈意见，了解学生对教师教学的满意度和建议。根据学生的反馈，教师可以针对反馈问题进行改进，并及时给予学生指导。

（二）课堂观察要仔细

课堂观察可以帮助教师了解学生的学习情况和问题所在，从而进行相应的指导和调整。教师可以通过仔细观察学生在课堂上的表现、作业完成情况和课后学习情况等，来评价学生对所学知识的理解和应用程度。

（三）正确使用评价工具

评价工具应当全面客观地评价学生的学习情况，教师根据评价结果可提供针对性的指导。评价学生的学习成果和教学质量，既可以使用传统的考试和作业评分，也可以采用更加综合的评价方式，如项目作业、口头报告、实地考察报告等。

（四）不同学科教师间开展合作评价

教师可以与其他教师进行合作学习、相互观摩和评价教学。通过教师间的交流和反馈，可以发现自身教学中的不足和改进空间，并借鉴其他教师好的教学经验，以便提升教师的综合素养和教学能力。

（五）聘请专家对教学进行评价

聘请有关专家对教学进行评价，从地理学科专业角度给予教师指导和建议。专家可以为授课教师提供更高层次的教学评价、改进建议和改进方向，帮助教师提高教学水平，使教师能更好地服务学生且提高学生的素养。

通过以上方式，教师可以了解学生对教学的反映和知识的理解程度，同时也能够发现自身教学中的不足并做出相应的改进和优化。这样可以不断提高教学质量，使地理学科新课标创新教学方法更加有效和有益。

六、学校要组织教师培训和交流

根据评价结果，对教师进行培训和开展交流活动。可以通过教研活动、学术研讨会等方式，分享教学经验和教学方法，提高教师的教学能力。教师培训和交流是评价和改进地理学科新课标创新教学的重要途径。有关教师培训与交流的具体内容是非常丰富的，以下是笔者的一点思考，仅供参考。

（一）组织学科教师培训

学校提供与地理学科新课标创新教学相关的培训课程和研讨会，帮助教师了解新的教学理念、方法和技巧。培训内容可以包括课程设计、教学策略、评价方法等。教师培训应该注重实践操作，通过案例分析和教学示范等方式，帮助教师掌握新的教学技能。

（二）组织学科教师交流活动

学校组织教师交流活动，促进教师之间的互动和经验分享。可以设立教学研究小组，定期举行教育讨论会或教学观摩课等活动。教师可以在交流中分享自己的教学经验和教学创新实践，并从其他教师的课堂中汲取灵感和启发。

（三）鼓励学科教师开展合作研究

鼓励教师进行合作研究，共同探讨地理学科新课标创新教学的问题和挑战。可以组织教师小组进行项目研究，并向教师提供相应的研究经费和支持。合作研究可以促进教师之间的相互学习和成长。通过教师培训和交流，可以提高教师的教学能力和教学水平，推动地理学科新课标创新教学的发展和改进。同时，教师的培训和交流还可以建立起学校内外的教师社群，促进教育教学能力的共同进步和提升。

七、学校为教学提供资源支持和合作平台

学校根据评价结果，为教学提供必要的资源支持，包括教学材料、实验设备等。同时，可以与其他学科教师和社会组织进行合作，共同创新教学内容和方法。

（一）学校要为学科教师提供支持和资源

学校应该为教师提供相应的支持和资源，鼓励教师进行教学创新实践。学校可以组织教学观摩、教学展示等活动，为教师提供展示和分享教学成果的机会。同时，学校还可以提供教学设备和技术支持，帮助教师更好地实施创新教学。

（1）资源支持层面，地理学科新课标创新教学注重利用现代教育技术和多媒体资源，提供多样化的教学资源。这些资源可以使学生更加直观地理解地理概念和现象，培养他们的观察、分析和解决问题的能力。

（2）学生合作层面，地理学科新课标创新教学强调学生之间的合作学习和团队合作。通过小组讨论、合作实践等方式，培养学生的合作精神和团队意识，提高他们

的沟通、协作和解决问题的能力。

（二）学校要为学生提供资源，搭建合作平台

（1）在资源支持层面，学校可以进一步为学生提供丰富多样的实地考察和实验室实践机会，帮助学生更好地理解和应用地理知识。同时，还可以鼓励学生积极利用图书馆、互联网等资源，培养他们的自主学习和信息检索与搜集的能力。

（2）在合作层面，加强学生与教师之间的合作，通过教师的引导和指导，帮助学生学会有效地协作。另外，还可以鼓励学生之间进行跨学科的知识交叉合作，促进地理学科与其他学科的融合，培养学生的综合素养。

（3）还可以建立工作学校与社会资源的合作机制，引入行业专家和社区资源，为学生提供更广阔的学习场景和实践机会，丰富他们的学习体验和发展空间。

通过这些资源支持和合作平台的建设，学校可以为地理学科教学创造更丰富的学习环境，促进学生在地理知识和技能方面的全面发展。

八、开展学科教师的教学研究和反思

通过教学研究和反思，不断总结和提炼教学经验，改进教学方法和教学内容。可以通过教学日志、教学案例等方式，促进教师的教学反思和自我提升。教学研究与反思可以从以下几个方面展开。

（一）评价教学目标的设定

评价创新教学的首要任务是检验教学目标的达成度。教师应该依据新课标来设定教学目标，并通过评价学生的学习成果确定是否达到了这些目标。如果发现学生的学习成果与预期目标相差较远，就需要反思自己的教学方法和策略，并作出相应的改进。

（二）评价教学内容的设计

创新教学强调通过学生的主动参与和实践操作来培养学生的地理实践力。评价创新教学的有效性需求，考查教学内容的设计是否能够激发学生的兴趣和积极性。教师应该反思教学内容的设计是否符合学生的认知水平和兴趣爱好，是否能够激发学生的思考和探索精神。

（三）评价教学方法和策略的选择

创新教学强调多元化的教学方法和策略。评价创新教学的有效性需要考查教师是否根据学生的不同特点和学习需求选择合适的教学方法和策略。教师应该反思自己在教学过程中是否灵活运用了不同的教学方法和策略，是否能够促进学生的主动学习和合作学习。

（四）教学评价方式和方法的采用

创新教学需要采用灵活多样的评价方式和方法。评估创新教学的有效性需要考察教学评价是否能够全面反映学生的学习成果和学习能力发展状况。教师应该反思自己在教学评价中是否灵活运用了不同的评价方式和方法，是否能够激发学生的学习动力和提高学生的学习效果。在进行教学研究和反思的过程中，教师可以通过教学观察、学生问卷调查、教学记录和课后总结等方式获得有关教学效果的反馈信息，并根据这些信息进行适当的改进。同时，教师还可以积极参加教学研讨会、教学培训和学科交流活动，与其他教师一起分享教学经验，互相借鉴和学习，以提高自己的教学水平和能力。

总之，通过评价和改进地理学科新课标创新教学，可以不断提高教学的质量和效果，为学生提供更好的学习和发展机会，同时，也能够促进地理学科的发展和创新。

第四节　地理学科新课标的教学案例分析

一、教学案例名称

地理学科中的《人口分布与人口迁移》分析（以宁夏为例）

二、教学内容

地理学科中的人口分布与迁移是一个重要的知识点，涉及人类社会的空间分布、人口数量、人口结构等方面的内容。学生通过本节内容的学习，能够了解到不同地区的人口密度、人口分布的特点及影响因素，以及人口迁移的原因和迁移产生的影响等。

三、教学目标

（一）了解人口分布的基本概念和影响因素。

（二）掌握人口密度计算的方法。

（三）理解人口迁移的原因和影响。

四、教学过程

（一）情境导入

通过展示一张全球人口分布图，让学生了解到不同地区人口数量的差异，并引导学生思考人口分布的原因和影响因素。

（二）知识讲解

教师讲解人口分布的基本概念和影响因素，包括自然环境因素（气候、地形、土壤等）、经济因素、历史文化因素等。同时，讲解人口密度的计算方法，让学生掌握如何计算人口密度。

（三）案例分析

选择一个具体的地区案例，比如中国的人口分布，让学生分析中国人口分布的特点、原因和影响因素。通过分析案例，让学生了解到中国人口分布的特点和规律。学生分析后得出结论：中国的人口分布是不均衡的，大部分人口集中在东部沿海地区和少数大城市，而西部和中部地区人口相对较少。这种不均衡的分布主要由历史原因和经济发展不平衡造成。

首先，历史原因是中国人口分布不均衡的重要因素之一。自古以来，中国的东部沿海地区一直是政治、经济和文化中心，吸引了大量人口聚居。这一趋势在近代尤其明显，由于沿海地区与外国贸易和投资接触更加紧密，吸引了更多的人口迁移。其次，经济发展不平衡也是导致人口分布不均衡的原因之一。中国的经济发展主要集中在东部沿海地区，这导致了资源、就业机会和社会福利等方面的不均衡。许多人选择在东部大城市谋求更好的生活，这也进一步加剧了人口集中的现象。此外，自然条件也对人口分布产生影响。中国的地理环境复杂多样，包括高原、山地、河流冲积平原和沙漠等，这些地理条件对人口是否易居有很大影响。一些地区由于自然条件恶劣，人口稀少；而另一些地区由于地理条件优越，人口相对较多。最后，政策也会对人口分布产生影响。中国的户籍制度，即户口制度，限制了人口在地域之间的流动，尤其是城市之间的流动。这导致了农民工和其他人口流动的不平等，农村地区的人口无法得到城市的公共服务和福利。这也是导致城乡人口分布不均衡的原因之一。

总而言之，中国的人口分布不均衡是由历史原因、经济发展不平衡、自然条件和政策等多种因素综合作用所致的。了解人口分布的不均衡现象，可以帮助我们更好地制定政策，促进区域发展的均衡和人口流动的平衡。

（四）教师组织学生进行讨论与展示

分组讨论其他地区的人口分布案例，让学生通过小组合作的方式分享自己的观点并分析结果。每个小组选取一个案例进行展示，并与全班进行讨论和交流。例如，学生可以分组讨论宁夏回族自治区的人口分布规律和特征，可以按照以下步骤进行。

（1）搜集资料对宁夏回族自治区（以下简称“宁夏”）的基本情况进行了解，包括宁夏的地理位置、面积、地形地貌等信息。

（2）搜集宁夏的人口分布数据，包括宁夏各地区的人口数量、性别比例、年龄结构、民族分布等。

（3）根据收集到的数据，对比宁夏各地区的人口分布规律。学生可以关注以下几个方面：宁夏地区间的人口差异、城乡人口比例、人口流动情况、少数民族的分布情况等。

（4）讨论宁夏人口分布的特征。可以考虑一些特殊的人口现象，比如少数民族人口在总人口中的比例、少数民族人口的空间分布特点、人口密度的变化等。

（5）总结讨论结果，并提出自己的观点和建议。学生可以讨论人口分布对宁夏的社会经济发展、区域发展差异等方面的影响，并提出一些解决方案和政策建议。

通过上述步骤，学生可以对宁夏的人口分布规律和特征进行深入的讨论和分析，从而加深对该地区人口状况的理解。

（五）知识拓展应用

引导学生思考人口迁移的原因和影响，如经济发展、自然灾害、政治因素等。通过讨论和案例分析，让学生了解到人口迁移的影响，如社会经济发展、文化交流等。

教学案例分析举例：人口问题的拓展应用

<table>
<tr><td>教学目标</td><td colspan="2">1. 了解人口问题的基本概念和重要影响因素
2. 列举人口问题并运用所学知识提出解决措施</td></tr>
<tr><td>教学内容</td><td colspan="2">1. 人口知识的基本概念：人口数量、人口分布、人口结构、人口迁移等
2. 人口影响因素：出生率、死亡率、迁移率、社会经济发展水平等</td></tr>
<tr><td rowspan="6">教学步骤</td><td>步骤 1</td><td>导入：
教师通过一段短视频或图片展示不同地区的人口分布和人口结构，引起学生的兴趣和思考</td></tr>
<tr><td>步骤 2</td><td>概念解释：
教师讲解人口问题的基本概念，并通过举例来解释人口问题的概念或含义</td></tr>
<tr><td>步骤 3</td><td>组织小组讨论：
将学生科学分组，每组讨论一个实际问题。例如，如何缓解老龄化对社会带来的挑战？如何解决人口迁移带来的问题？每个小组讨论并提出解决方案</td></tr>
<tr><td>步骤 4</td><td>小组展示：
每个小组派代表向全班展示他们的讨论结果和解决方案。其他学生可以提问和辩论</td></tr>
<tr><td>步骤 5</td><td>教师总结：
总结学生的讨论结果，指出其中的优点和不足之处，并给予适当的评价和建议</td></tr>
<tr><td>步骤 6</td><td>拓展应用：
引导学生思考如何应用人口知识分析其他实际问题，例如，如何促进人口生育率的提高？如何解决人口过度集中带来的问题</td></tr>
<tr><td>教学评价</td><td colspan="2">1. 观察学生在小组讨论和展示中的表现，包括思考能力、合作能力和表达能力
2. 针对小组讨论和展示中的问题和解决方案进行评价，评价其合理性和可行性</td></tr>
<tr><td>教学延伸</td><td colspan="2">可以将人口问题知识与其他学科知识相结合，例如，与经济学知识结合分析人口与经济发展的关系，与政治学知识结合分析人口与社会政策的关系等</td></tr>
<tr><td>教学资源</td><td colspan="2">1. 视频或图片展示不同地区的人口分布和人口结构的材料
2. 实际问题的材料，例如，老龄化社会带来的挑战和人口迁移带来的问题的案例材料</td></tr>
<tr><td>教学反思</td><td colspan="2">在教学过程中，教师应通过引导学生进行实际问题的讨论，培养学生的分析和解决问题的能力。同时，要注重学生的合作与交流能力的培养，引导学生学会与他人合作，共同解决问题。此外，教师还可以通过小组展示和讨论来促进学生的批判性思维能力的发展</td></tr>
</table>

（六）教师总结知识要点与评价

通过总结地理学科中的人口分布与迁移的知识要点，让学生对所学内容有一个整体的把握。同时，通过讨论和评价的方式，让学生对自己的学习进行反思和提升。

五、教学评价方法和评价指标

（一）评价学生课堂的参与度

观察学生在课堂讨论和展示时的积极性和参与度。学生参与度是衡量教学质量的一个重要指标，通过学生的参与度可以评价教学是否能够激发学生的学习兴趣和积极性。以下简单介绍几种常见的评价学生参与度的方法。

1. 课堂观察法

观察法可以直观地反映学生的参与程度。教师可以通过观察学生在课堂上的行为举止来评价学生的参与度，例如，是否积极回答问题，是否主动提问，是否积极参与小组讨论等。

2. 问卷调查法

问卷调查可以帮助教师了解学生对自己参与度的自我评价。教师可以通过“问卷星”设计问卷，向学生征求他们对自己参与度的评价。问卷可以包括一些关于学生在课堂上主动参与的问题，例如，他们是否经常在课堂主动发言、是否积极参与课堂小组活动等。

3. 小组讨论评价法

将学生分成小组，在小组讨论活动中，教师可以观察学生在小组中的表现，并评价他们的参与度。教师可以根据学生的主动性、贡献度、合作意识等方面对学生的参与度进行评价。

4. 作业评价法

教师可以通过作业的完成情况来评价学生的参与度。例如，给学生布置一个小组项目，观察学生在完成项目过程中的参与度和贡献程度。作业可以间接反映学生在课堂上的参与程度。

5. 口头评价法

教师可以直接与学生进行交流，询问他们对自己在课堂上的参与度的看法。这种口头评价的方法可以促使学生思考自己的学习态度和行为，并及时得到教师的反馈。

总体说来，评价学生的参与度需要综合考虑多个因素，教师可以选择适合自己、适合学情的评价方法，以便更好地了解学生的学习状况和参与态度。

（二）评价学生的案例分析能力

立足于教师所提供的案例情境以及案例中所体现的地理问题，评价学生针对具体案例的分析能力和理解程度。

（三）评价学生的思考能力

针对学生对具体案例的分析能力和理解程度开展评价。评价学生在知识拓展应用环节中的逻辑思维深度。

（四）评价学生的学习成果

对于学生的学习成果的评价，方式可以是多样性的，常用的是通过课后作业或小测验，评价学生对地理学科中人口分布与迁移知识的掌握程度。

第二章 高中地理学科创新实验案例解析

第一节 课堂教学案例分析

课堂教学案例分析是指对一节课的教学内容、教学手段、教学效果等进行分析和评价，也是课堂时效的分析评价。通过对教学案例的剖析，才能对教学中的问题和不足进行查找，对教学质量的提高提出改进措施和办法。在进行课堂教学案例分析时，可以重点从以下几个方面分析进行。

1. 分析教学目标

教研组的学科教师在充分分析学情的情况下，应该预设与学生的学习需求和能力水平相匹配的教学目标。分析学科教师在一堂课中预设且确定的教学目标是否明确、具体、可操作。

2. 分析教学内容与学生需求

教学内容应该与学生的实际学习情况有机结合，既要有足够的挑战性，又要符合学生的兴趣和认知能力。通过分析、判断教学目标是否与教学内容和学生的需求相符合。只有符合教学内容和学生需求的教学目标才是最接地气的教学目标，才能达成最终目标，学生才能学有所获。

3. 分析教学方法

教师应该根据不同的教学目标和教学内容选择合适的教学方法，如讲授、讨论、实验、小组合作等，以激发学生的学习兴趣和主动性。分析教学方法是否多样化、是否灵活有效且有助于学生对地理知识的理解。根据具体情况，选择最佳的教学方法，才能获取教学效果的最优化。

4. 分析授课教师的教学过程

一节课程的效果如何，教学过程的逻辑性是非常重要的一环。分析教学过程是否逻辑清晰、有条理和具有连贯性，这对教学效果帮助很大。教学过程应该有明确的步骤和组织结构，教师应该注重引导学生思考和互动，培养学生自主学习和解决问题的能力。

5. 教学评价

教学评价是否科学、准确、全面。教师应该通过多种评价方式对学生的一次考试、一次作业、一次小组讨论、一节课的表现等学习情况进行评价，发现学生存在的问题和个体之间的差距，要及时调整教学策略和方法，使学生学有所获和学有所得。

教师通过分析课堂教学案例，及时发现自身教学中存在的问题和不足，提出改进的措施和方法，这有助于提升教学质量和教学效果，同时促进教师更新教学方法和教学理念，实现自身教学水平提高。

案例一：应用地理信息系统（GIS）开展地形分析

地形分析是地理学领域中的一个重要研究方向，而地理信息系统则是一种强大的技术工具，可以帮助我们开展地形评价分析。地理信息系统通过整合地理数据、空间分析和地图制作等技术，提供了一种综合的方法来研究和评价地理特征。

首先，地理信息系统可用来获取地形数据。通过卫星遥感、测量仪器测得的实测数据和地形图等数据源，我们可以获取不同尺度和精度的地形数据。这些数据包括高程（海拔）、坡度、坡向、曲率等。利用地理信息系统软件，可以将这些数据导入系统中，并进行分析和处理，生成地形模型和地形图。其次，利用地理信息系统的空间分析功能，对地形地貌特征进行定量化分析和比较分析。比如，可以计算不同区域地形的坡度和坡向，了解地形的起伏程度和朝向特点；还可以计算地形曲率，了解地形的起伏状况。通过这些分析，可以定量地描述地形地貌特征，为地理研究提供有力的数据支持。此外，利用地理信息系统还可以进行地形评价。地形特征对于土地利用、管理水资源、预防自然灾害等方面具有重要意义。利用地理信息系统，我们可以将地形数据与其他地理数据进行整合和分析，评价地形对其他自然要素的影响和影响人类活动的潜在风险。比如，分析地表水流动路径对地形地貌的影响、水资源的分布情况、提供科学的水资源管理依据等。还可以分析地形对洪涝、滑坡和泥石流等自然灾害的影响，为防灾减灾提供决策支持。最后，利用地理信息系统模型和算法，可对地形、地貌进行模拟和预测，并进行灾害预报。比如，可以基于地形数据和水文模型，模拟河流的水流路径和洪水的泛滥范围。还可以基于地形和地质数据，预测地震、滑坡、火山喷发和泥石流等自然灾害的潜在风险和分布情况。这些模拟和预测可以为预防措施的规划和应急响应的准备提供重要参考，一旦发生灾害可将灾害损失降到最低程度。

地理信息系统可以提供丰富的地理数据、空间分析和地图制作功能，帮助我们获取地形数据，进行地形分析；评价地形特征对不同应用的影响和潜在风险，并进行模拟和预测。总之，利用地理信息系统进行地形、地貌分析评价是一项意义重大且具有前瞻性的重要工作。地理信息系统对于地理学科的发展和实践应用、研究和评价意义重大。

（一）使用地理信息系统进行地形分析的教学案例

在本案例中，将使用地理信息系统软件（图新地球）来分析地形数据，包括高程、坡度和坡向数据，以及进行地形剖面分析和地形因子计算等。

1. 案例教学目标的确定

（1）掌握地理信息系统的基本操作方法和基本功能。

（2）理解地形分析的基本原理和方法。

（3）利用地理信息系统软件获取和分析地形、地貌资料数据。

（4）掌握开展地形剖面分析和地形因子计算的方法。

2. 教学案例的实施流程

（1）准备分析材料　获取地形资料（如高程、坡度、坡面资料）。

（2）进行资料处理　需要科学使用地理信息系统软件进行地形资料的导入和预处理。

（3）开展地形剖面分析　选择感兴趣的区域，利用图新地球平台在地形数据上绘制剖面线，得到该区域的海拔最高点和最低点，以此计算出该区域地形的高程差异，例如，利用图新地图软件绘制宁夏灵武市长流水地区的地形剖面，分析该区域的地势起伏状况。

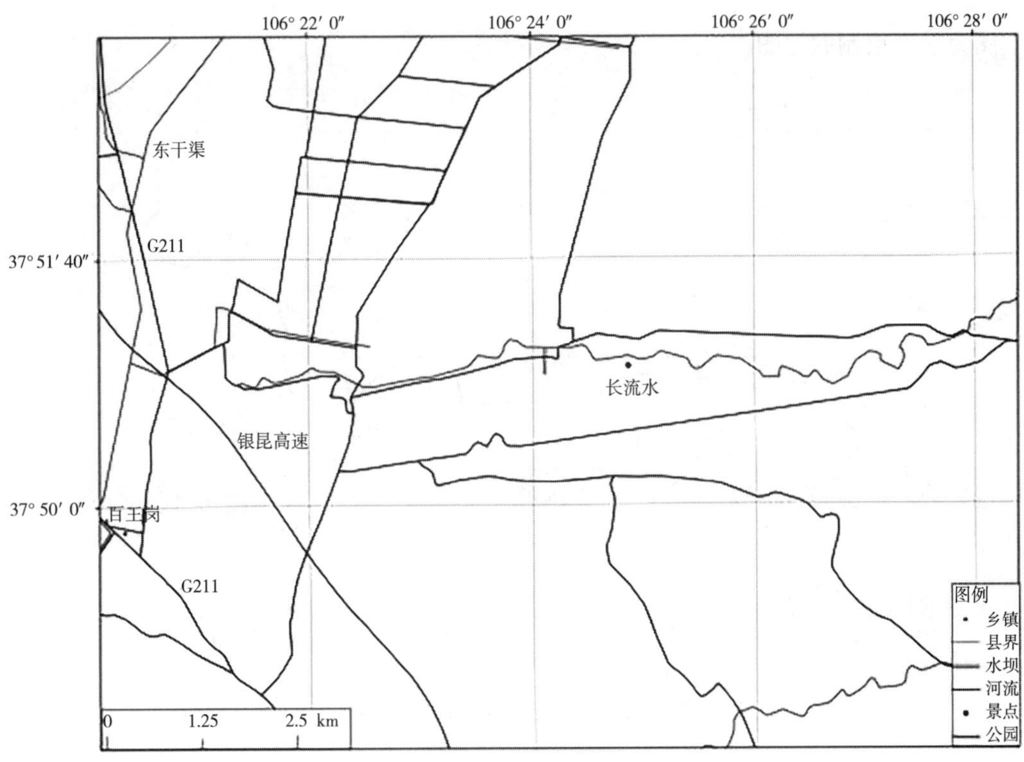

图 2-1 宁夏灵武市长流水地区的位置示意图

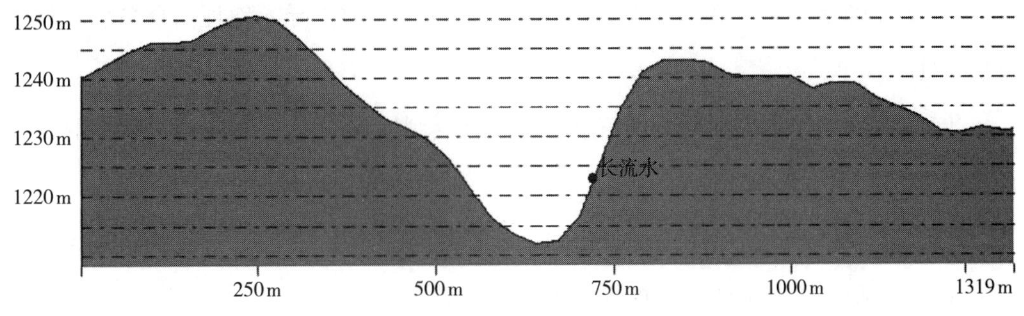

图 2-2 宁夏灵武长流水地区的地形剖面图

（4）地形因子计算 根据地形数据，利用图新地图软件对贺兰山拜寺口山谷两侧坡度、坡向、高程等地形因子进行计算。地形因子的计算主要是对坡降、海拔和河流比降等的计算。

（5）地形分析结果展示　学生可通过绘制地图和图表展示地形分析的最终结果。下图为学生绘制的地图。

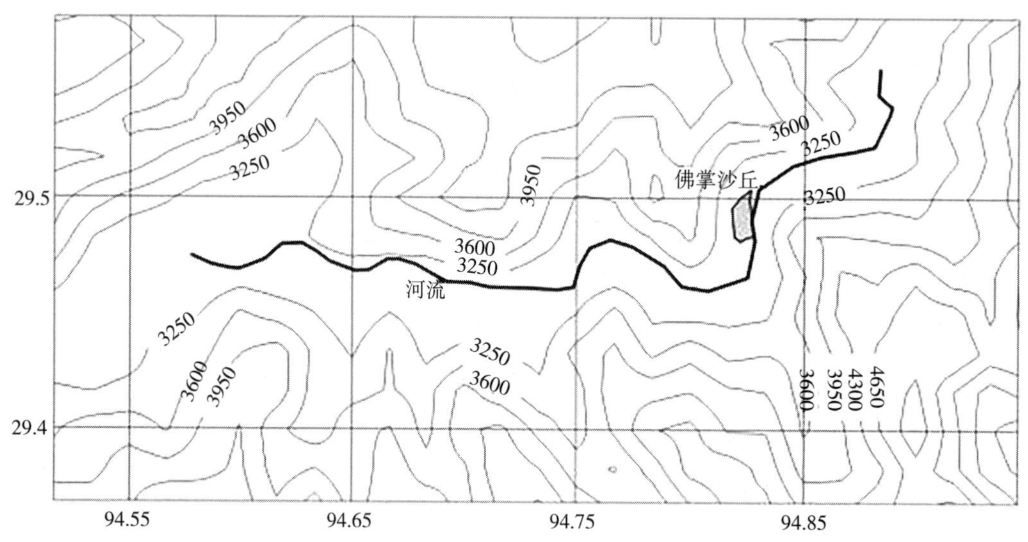

图 2-3　佛掌沙丘等高线地形图

3. 案例的教学步骤

（1）教师介绍地理信息系统基本概念和作用。

（2）教师指导学生获取地形数据，将获取的地形数据导入地理信息系统软件进行加工处理。

（3）教师指导学生利用地理信息系统软件绘制地形剖面，并进行地形剖面分析，计算地形因子。

（4）教师指导学生展示地形分析的结果，并组织学生对结果开展讨论和总结。

（5）教师布置有关作业并提醒学生按时提交作业。

4. 案例的教学方法选择

（1）讲授法　通过讲解地理信息系统的基本知识和地形分析的原理和方法，引导学生理解和掌握相关知识。

（2）操作实践法　在电脑机房，通过实践操作地理信息系统软件，让学生亲自进行地形数据的获取和分析，提高他们的实际操作能力，学生可以使用的软件有图新地球、Global Mapper（地理信息系统软件）和 Surfer（等高线制图软件）等。

（3）分组讨论法　组织学生通过小组合作，讨论地形分析的结果和方法，激发学生的思考和讨论，以便加深学生对地形分析的理解。

5. 案例的评价

（1）评价案例实施过程中学生的数据获取和分析处理能力。

（2）评价学生绘制地形剖面的准确性，地形剖面分析和地形因子计算能力。

（3）评价学生展示的地形地貌分析成果的能力和讨论问题的能力。

（二）利用地理信息系统分析地形地貌案例

利用地理信息系统进行地形分析可以帮助我们了解地表特征、地形变化、地质构造等信息，从而更好地理解地球表面的形态和变化规律。下面列举了一个利用地理信息系统进行地形分析的具体案例，以下是这个具体案例的描述。

某城市规划部门需要对城市区域进行地形分析，以确定适宜建设和不宜建设的区域。

步骤一：采集相关的地形数据。

采集相关地理数据资料，如数字高程模型（Digital Equity Model，DEM）数据、地形地貌数据、土地数据、水文数据等。这些数据可以通过地理信息系统数据库、卫星遥感数据、实地测量数据等多种途径获取。

步骤二：进行数据准备。

在地理信息系统软件中导入采集到的数据，并对必要的数据进行预处理。如对资料坐标系的不同来源进行统一，对杂讯数据（数据中的错误值）资料进行校正和删除等。

步骤三：创建数字高程模型。

将采集到的数字高程数据转化为数字高程模型。DEM 是用栅格来表示的，反映地形起伏变化信息的地表高度数据。

步骤四：开展地形分析。

利用地理信息系统软件提供的分析工具，结合 DEM 数据开展地形分析。学生可以开展的地形分析主要包括以下几个方面。

（1）地形剖面分析　绘制 DEM 剖面图，展示地表高度的变化情况，帮助学生了解地形特征。

（2）坡度分析　计算每一块像元的坡度，来评估地表的起伏程度。通过计算结果来确定可利用或不可利用的地段。

（3）河流流向分析　通过计算每个像元的流向，了解水流的路径和流向，以及不同区域的水流集合情况

（4）切坡分析　计算每一个像元的切坡指数，用于评价土地侵蚀的风险。例如，黄土高原沟壑区的切坡指数分析、沟壑区水土流失风险的评估等，都是教师在教学中要开展的工作。

步骤五：进行结果展示

将地形分析的结果以绘制地图、等高线地形图和图表等形式展示出来，以便决策者更好地理解地形特征和变化规律。城市规划部门通过利用地理信息系统进行地形分析，能更好地了解市区地形地貌特征，为城市规划提供科学依据，合理规划用地，保障城市可持续发展。图3-4展示的是学生绘制的等高线地形图。

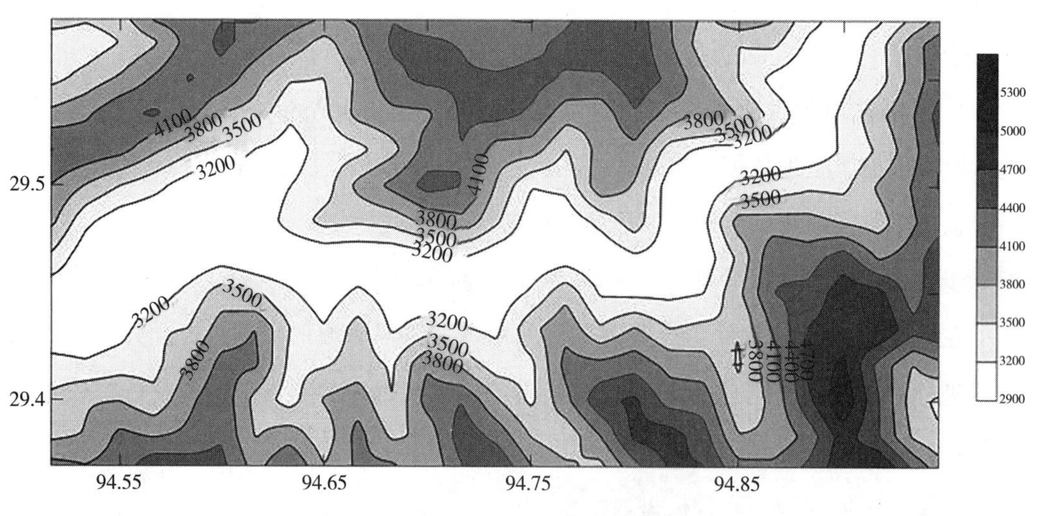

图 3-4　佛掌沙丘等高线地形图

案例二：地球和其他行星运动的模拟实验

地球是我们生活的家园，但我们对地球的行星运动规律又有多少了解呢？在科学研究中，模拟实验是一种重要的手段，可以帮助我们更好地理解和预测自然界的运行规律。在这里，我们将探讨地球和其他行星运动的模拟实验。地球和其他行星运动的模拟实验可以通过建立数学模型和使用计算机软件来模拟地球和其他行星的运动轨

迹。实验中，我们可以选择不同的参数，例如，行星的空间位置、轨道倾角、质量、公转速度等，然后观察它们在时间的推移下的轨迹和相互作用。

首先，要探究清楚星球的运动规律。开普勒定律（约翰尼斯·开普勒）认为，围绕太阳运转的行星轨道呈椭圆形，而太阳则位于椭圆中的一个焦点上。根据牛顿运动定律，行星的运动是由太阳的引力决定的。因此，模拟实验需要考虑太阳对行星的引力作用，并通过数值计算来模拟其运动轨迹。

其次，数学模型要选准，计算方法要选对。通常模拟实验所使用的数学模型都是以微分方程组（约翰尼斯·开普勒定律）和牛顿定律（艾萨克·牛顿定律）为基础的。这些方程组可以用数值法求解，例如欧拉（莱昂哈德·欧拉）和龙库塔（龙格－库塔）法。我们可以使用这些方法来计算行星的位置和速度，并通过迭代计算获得它们在不同时间点上的轨迹。然后，再通过计算机软件进行模拟试验，就能呈现可视化的实验结论。现代计算机软件提供了强大的数值计算和可视化功能，可以帮助我们更好地理解行星运动的规律。通过调整参数和观察结果，我们可以探索不同条件下的行星运动模式，比如行星轨道的形状、周期的变化等。

第三，可将模拟实验的结果和验证模型精度与实际观测资料进行对比，验证其可靠性。如果模拟实验的结果能够与观测数据相吻合，那么我们就可以应用这些模型来预测未来的行星运动，甚至研究其他星系的行星运动。

总之，行星运动的模拟实验是一种重要的科学手段，可以帮助我们更好地了解和探索宇宙中的规律。通过建立数学模型、使用计算机软件和比较实验结果，我们可以更加深入地研究行星运动的机制，并为未来的科学研究提供重要的参考。希望这种模拟实验能够为我们揭示更多关于地球和宇宙的奥秘。

（一）具体案例设计：地球行星运动的模拟实验

地球行星运动是天文学中的重要课题之一，通过模拟实验可以帮助学生更好地理解地球运动规律，提升他们的科学素养。本教学设计将以“地球行星运动的模拟实验”为主题，旨在激发学生对天文学的兴趣，培养他们的地理观察、思考和实验能力。可以使用 Stellarium（虚拟天文馆）中文版软件来开展模拟实验。

1. 模拟实验目标

（1）帮助学生学习地球公转运动知识，如公转运动周期、公转轨道、公转速度。

（2）帮助学生探究地球自转运动对昼夜更替、自转运动周期等方面的影响。

（3）培养学生的观察、思考和实验能力。

2. 模拟实验材料

（1）实验装置　地球模型，强光手电（表示太阳）。

（2）实验材料　纸片、彩色铅笔、尺子、细金属丝。

3. 模拟实验步骤

（1）准备工作

① 用彩笔在地球模型上精准标出赤道及南北极点。

② 利用纸片、铅笔和尺子制作倾斜的地轴。

③ 将地轴插入地球模型的两个极点，确保地球模型能够自由旋转。

④ 利用细金属丝制作支架，确保地球模型能够放置在任何平面上旋转。

（2）模拟地球自转运动

① 将地球模型放置在桌面上，并用强光手电筒照射在地球模型的一个侧面，代表太阳照射地球。

② 转动地球模型，观察地球模型的自转运动，注意地球模型上的赤道和南北极是否有明显的变化。

③ 让学生思考，为什么地球无论自转多少次，总是保持一面对着强光手电筒（即向着太阳）？

（3）模拟地球公转运动

① 将地球模型固定在一个位置上，让一名学生围绕地球模型运动，模拟地球的公转运动。

② 让学生观察模型上的赤道和南北极是否有明显的变化？

③ 引导学生思考，为什么地球的公转运动会导致季节的变化？

4. 组织实验讨论与总结

（1）让学生回顾实验过程，总结地球的自转和公转运动对季节变化的影响。

（2）引导学生思考，地球自转运动与公转运动的原理是怎样的，昼夜交替和季节更替又是怎样形成的？

（3）提出问题，组织学生讨论，地球运动的规律有哪些？这些规律对我们的生活有什么影响？

5. 模拟实验拓展

（1）利用计算机软件或在线模拟工具，进一步模拟地球的运动，观察不同地点的日照时间和气候变化。

（2）让学生分组进行研究，探究其他行星的运动规律及对季节变化的影响。

（3）组织学生到所在城市天文馆参观或开展天文观测活动，增强学生对天文知识的了解，提高他们的地理实践能力。

6. 组织学生开展实验讨论、总结和评价

（1）通过实验讨论和总结，检查学生对地球行星运动规律的理解程度。

（2）教师对学生的观察能力、地理思维能力以及实验后的总结能力等方面进行考核。

地球行星运动模拟实验的学生评价量表

<table>
<tr><td>学生姓名</td><td></td><td>班级</td><td></td><td>所在学校</td><td></td></tr>
<tr><td>实验名称</td><td colspan="5">地球行星运动的模拟实验</td></tr>
<tr><td>实验目的</td><td colspan="5">学生通过模拟实验，探索地球和其他天体的运动规律，深入了解宇宙的奥秘</td></tr>
<tr><td>实验步骤</td><td colspan="5">①准备材料：太阳灯、地球仪、其他行星模型、宇宙尺度模型等
②教师讲解实验原理：介绍地球围绕太阳公转和地球自转的规律，以及其他行星的运动规律
③示范实验：使用太阳灯作为太阳，让学生围绕太阳轨道行走并自转。同时，让学生使用地球仪和其他行星模型表示出其他行星的运动轨迹
④分组实验：将学生分为小组，每个小组分别模拟其他行星的运动
⑤讨论和总结：学生讨论实验结果，总结地球和其他行星运动的规律</td></tr>
<tr><td>实验评价说明</td><td colspan="5">在实验过程中，记录和评价学生的参与度、理解度、合作度</td></tr>
<tr><td>评价等级</td><td colspan="5">① 优秀：学生在所有评价项上表现出色，能够积极参与、深入理解、准确模拟、良好合作、思考透彻
② 良好：学生在大部分评价项上表现良好，能够积极参与、理解规律、模拟较准确、合作较好、总结较深入
③ 一般：学生在部分评价项上表现一般，参与度、理解度、模拟能力、合作度、总结能力有待提高
④ 需改进：学生在多个评价项上表现不佳，参与度、理解度、模拟能力、合作度、总结能力需大幅提高</td></tr>
</table>

续表

<table>
<tr><td>学生姓名</td><td></td><td>班级</td><td></td><td>所在学校</td><td></td></tr>
<tr><td rowspan="7">评价项目</td><td colspan="3">项目内容</td><td colspan="2">项目内容评价等级结果</td></tr>
<tr><td colspan="3">① 实验准备：对于需要的材料，学生是否可以按照实验步骤进行准备</td><td colspan="2">优秀 □ 良好 □ 一般 □ 需改进 □（在 □ 内打√）</td></tr>
<tr><td colspan="3">② 实验参与度：学生对实验的参与是否积极、提问问题是否积极、回答问题是否积极。</td><td colspan="2">优秀 □ 良好 □ 一般 □ 需改进 □（在 □ 内打√）</td></tr>
<tr><td colspan="3">③ 运动规律的理解度：学生对地球公转、自转等行星的运动规律是否能够理解</td><td colspan="2">优秀 □ 良好 □ 一般 □ 需改进 □（在 □ 内打√）</td></tr>
<tr><td colspan="3">④ 模拟能力：对于太阳系其他星球的运动轨迹，学生是否能准确模拟？</td><td colspan="2">优秀 □ 良好 □ 一般 □ 需改进 □（在 □ 内打√）</td></tr>
<tr><td colspan="3">⑤ 同学之间的协作：学生在完成实验任务时，能不能主动配合，配合小组成员一起完成实验任务</td><td colspan="2">优秀 □ 良好 □ 一般 □ 需改进 □（在 □ 内打√）</td></tr>
<tr><td colspan="3">⑥讨论和总结：学生在讨论和总结环节是否能够积极参与，对实验结果进行深入思考和总结</td><td colspan="2">优秀 □ 良好 □ 一般 □ 需改进 □（在 □ 内打√）</td></tr>
<tr><td>备注</td><td colspan="5">该实验评价表旨在对学生的实验参与度和实验理解能力进行评价，帮助教师了解学生在地球行星运动模拟实验中的表现，并为学生提供进一步的指导和提高空间。学生通过这样的模拟实验，对地球和其他天体的运动规律有了更深刻的认识，科学的视野也更开阔了，对宇宙知识的求知欲和对未知奥秘的探索欲望也会被激发出来</td></tr>
</table>

7. 探讨开展实验的意义

地球行星运动（Earth Planet Movement）模拟实验能帮助学生更好地认识地球运动的规律，培养学生的观察能力、思考能力和实验能力，提升他们的地理实践力。通过本次实验，学生不仅可以对地球自转运动、公转运动等进行了解，还可以对地球运动对季节更替的作用进行探究。通过进一步拓展实践内容，学生将更深入地了解其他行星运动的规律，并将这些知识应用到实际生活中。

案例三：地球的内部结构的演示实验

（一）地球的内部结构的演示实验设计的构想

探索演示地球的内部结构是一项引人入胜的科学探究项目。通过实验演示，我们可以更好地理解地球内部的构成和形成机制。本案例将以实验演示的方式，帮助学生认识地球的内部构造并加以说明。首先，我们可以使用模型来展示地球内部的不同层次。选取一个由不同密度和颜色的材料构成的同心球体作为模型，将同心球体切割，自球心向外分成几个不同的层次，分别代表地核、地幔、地壳。将切割的同心球体置于透明容器中，学生们可以观察到地球内部的分层结构。这个实验演示可以帮助学生了解地球的内部构成和层次。其次是地球内部的能量传递方式，可以通过地震波实验来论证。地震波是地震发生时，由地球内部传播而来，使地表物体先上下颠簸，后左右摇晃，这种现象是由弹性波造成的。在模型中放置震动源，并观察地震波在模型内部的传播轨迹，我们可以了解地震波在地球内部的传输路径（此模拟实验的缺点：从横波、纵波的传播介质无法科学模拟）。这个实验演示可以帮助学生了解地球内部的物理特性和地震产生的机制。然后研究在地球内部的热力运作方式，其中熔岩实验就是一个重要的方法。通过模拟岩石和高温熔岩，我们可以观察到熔岩的流动和冷却过程。这个实验演示可以帮助学生了解地球内部的热对流和板块运动，并对岩浆喷发的原因和火山活动的形成进一步地了解。此外，通过岩石的化学分析实验，学生可以进一步了解地球内部的岩石的组成成分和化学反应。通过收集和分析各地区的岩石样本，可以确定地球内部不同区域的化学成分差异，并推断地球内部的化学反应过程。这个实验演示可以帮助学生了解地球内部的化学组成成分，同时也可以了解由岩石组成的岩石圈。最后，地磁场实验可以帮助学生理解地球内部磁场的生成机制。通过使用模型和磁铁，我们可以观察到磁场的形成和变化过程。这个实验演示可以帮助学生了解地球内部的液态外核和固态内核对地磁场的影响。

通过以上一系列实验演示，可以帮助学生更好地理解地球的内部结构和运作机制。这些实验演示为地球科学的研究和教学提供了重要的工具和方法。希望通过这些实验，更多的学生能够对地球内部的奥秘产生兴趣，并为地球科学的发展作出贡献。

（二）地球内部结构的实验演示具体设计

地球内部结构实验设计

<table>
<tr><td colspan="2">实验演示教学设计</td><td>地球的内部结构</td></tr>
<tr><td colspan="2">实验意义</td><td>地球是我们赖以生存的家园，探索地球的内部构造对我们理解地球的形成和地质活动有重大意义。本次实验演示教学旨在通过生动的实验和直观的示意图，帮助学生深入了解地球的内部结构，激发他们对地球科学的学习兴趣</td></tr>
<tr><td colspan="2">实验目标</td><td>（1）理解地球的内部结构：内核、外核、上地幔、下地幔和地壳
（2）掌握地球内部的物质组成和特点
（3）知道地球内部的运动和地震等地质现象的形成原因</td></tr>
<tr><td colspan="2">实验材料</td><td>（1）透明塑料球
（2）彩色颜料粉末（黄色、橙色、红色和灰色）
（3）透明胶带
（4）尺子
（5）实验板和标签</td></tr>
<tr><td rowspan="3">实验步骤</td><td>步骤一：制作地球模型</td><td>（1）用直径 10 厘米左右的透明实心塑料球做地球模型并将塑料球切割成两半
（2）在一半的地球模型的表面使用透明胶带制作经线和纬线，以便更好地观察
（3）小心地将彩色颜料粉末涂抹在地球模型的不同部位，黄色代表地壳，橙色代表地幔，红色代表外核，灰色代表内核</td></tr>
<tr><td>步骤二：示意图解释</td><td>（1）在实验板上用标签制作地球内部结构的示意图，标注地核（内核、外核）、地幔（上地幔、下地幔）和地壳
（2）解释每个层次的物质组成和特点，并与地球模型上的颜色对应</td></tr>
<tr><td>步骤三：实验演示</td><td>（1）通过触摸地球模型，感受地壳的薄厚度和地球其他内部层次的厚度
（2）用尺子测量地球模型的直径，以便比较地壳与其他层次结构的厚度大小
（3）轻轻晃动地球模型，模拟地球板块的运动，解释地震和地质活动形成的原因</td></tr>
<tr><td colspan="2">实验讲解</td><td>（1）地壳的上部是地球的表面，是我们生活的地方，它非常薄，约占地球直径的 1%
（2）地球内部厚度最厚的部分，约占地球直径的 84%，是地球的地幔部分。
（3）外核是液态的，由铁和镍组成，厚度约占地球直径的 11%
（4）内核是地球最内部的部分，由铁和镍组成，温度非常高，厚度约占地球直径的 4%</td></tr>
<tr><td colspan="2">实验总结</td><td>通过本次实验演示教学，学生们对地球的内部结构有了更深入的理解和感受。学生通过触摸地球模型、测量直径和模拟地球板块的运动，生动地展示了地球的内部结构和地质现象的形成原因。希望实验能够激发学生们对地球科学的学习兴趣，促使他们进一步探索地球的奥秘</td></tr>
</table>

地球内部结构实验演示的学生评价量表

<table>
<tr><td>学生姓名</td><td></td><td>班级</td><td></td><td>学校</td><td></td></tr>
<tr><td>实验目的</td><td colspan="5">（1）了解地球的内部结构及其特征
（2）掌握实验方法和技能
（3）培养观察和分析问题的能力</td></tr>
<tr><td>实验设备</td><td colspan="5">（1）地球模型（包括内核、外核、地幔、地壳）
（2）硅胶、泥土、石头等材料
（3）蜡烛、干冰等物品
（4）实验器具（如尺子、圆规、天平等）</td></tr>
<tr><td>实验内容和步骤</td><td colspan="5">（1）制作地球模型：使用硅胶、泥土、石头等材料按实际比例制作地球模型
（2）模拟地震实验：在球体模型中放入干冰并置入一个乒乓球，通过观察乒乓球在干冰气化过程中的震动及地震波传播情况，了解地震发生的原因和地震波的传播路径
（3）模拟火山实验：使用蜡烛等物品模拟火山喷发，观察火山岩浆的喷发情况，了解火山活动与地球内部的关系
（4）模拟板块运动实验：使用圆规等器具模拟板块运动，观察板块的碰撞、分离和滑动情况，了解板块运动对地壳形成和地震活动的影响</td></tr>
<tr><td rowspan="2">评价指标</td><td colspan="3" rowspan="2">（1）实验前的准备工作：包括材料的准备、实验器具的摆放等，评价学生的组织和安排能力
（2）实验操作精确度：重点考查学生对实验步骤的掌握程度和操作技巧
（3）观察分析实验结果：学生从实验中能否得出正确的结论，考查学生观察分析实验结果的能力
（4）实验报告的撰写：评价学生对实验过程和结果的描述能力，是否能清晰、准确地表述实验的目的和结果
（5）学习态度和团队合作：评价学生的学习态度和团队合作能力，包括完成实验的认真程度、与他人的合作和交流等</td><td rowspan="2">评价等级
（1）优秀：实验前准备工作完备，操作准确无误，观察和分析结果准确，实验报告完整详细，积极主动参与团队合作
（2）良好：实验前准备工作较完备，操作基本准确，观察和分析结果基本准确，实验报告基本完整，能够与他人合作</td><td>评价等级结果</td></tr>
<tr><td></td></tr>
</table>

续表

<table>
<tr><td>学生姓名</td><td></td><td>班级</td><td></td><td>学校</td><td></td></tr>
<tr><td>评价指标</td><td colspan="3">实验前的准备工作：
优秀 □ 良好 □
一般 □ 需改进 □
（在 □ 内打√）
实验操作的准确性：
优秀 □ 良好 □
一般 □ 需改进 □
（在 □ 内打√）
实验结果的观察和分析：
优秀 □ 良好 □
一般 □ 需改进 □
（在 □ 内打√）
实验报告的撰写：
优秀 □ 良好 □
一般 □ 需改进 □
（在 □ 内打√）
学习态度和团队合作：
优秀 □ 良好 □
一般 □ 需改进 □
（在 □ 内打√）</td><td>（3）一般：实验前准备工作不够完备，操作时有一定的误差，观察和分析结果不够准确，实验报告不够完整，团队合作一般
（4）需改进：实验前准备工作不够充分，操作存在较大的误差，观察和分析结果不准确，实验报告不完整，缺乏团队合作</td><td></td></tr>
<tr><td>实验评价的意义</td><td colspan="5">（1）培养学生对地球内部构造的科学探究能力和激发学生探索未知的兴趣
（2）考核学生对实验步骤和技能的掌握程度，帮助学生提升查漏补缺，融会贯通的能力
（3）考查观察分析能力，培养学生对问题的科学思考和分析能力
（4）提高学生撰写实验报告的能力，培养学生科学表达和查阅文献的能力，考查学生的科学表达能力
（5）强调团队协作与沟通的重要性，培养学生协作与交流的能力</td></tr>
<tr><td>备注</td><td colspan="5">通过这一实验演示学生评价量表，可以全面评价学生在地球内部结构实验中的表现，从而促进学生的综合素质的发展</td></tr>
</table>

第二节　地理学科实地考察案例分析

地理学科是一门研究地球表面现象及其空间分布规律的学科，它通过实地考察来加深学生对地理理论的理解，并将理论知识与实际情况相结合。在高中地理学科中，野外调查作为一种重要的教学方式，可以提高学生对地理学科的认知与实际应用能力，提高他们的地理实践力。实地考察既是对地理学科理论基础的延伸，也是地理学科新课标要求的一部分。

首先，野外调查将书本知识和实际情景相结合，能帮助学生加深对地理学科理论基础的理解。通过实地考察，学生能够更加直观地感受到地理现象的真实性和复杂性，从而加深对地理理论的认知。例如，在考察地球自转和公转的过程中，学生能够看到地球自转带来的昼夜变化，同时也能够通过观察星空的运动来理解地球的公转运动。这能够激发学生对地理学科的兴趣，学生就会更有动力去学习、去探索。其次，野外实地考察也是符合高中地理学科新课标要求的一种教学方式。在地理学科新课标要求中，地理观察、测量、野外调查、实验等方面的技能，都需要学生能够熟练掌握。实地走访，正好可以有效地锻炼学生这些技能。通过实地考察，学生能够进行地理观察和测量，如通过实地调查测量河流的宽度和深度，用地理仪器测量地面的坡度和海拔等。此外，实地考察还可以帮助学生进行实地调研，了解地理现象背后的原因和影响因素。如在实地考察城市化过程中，学生可以进行问卷调查，了解城市化对居民生活和环境的影响，并通过数据分析和图表绘制来展示调查结果。这样的实践操作将培养学生的实践能力和科学素养，符合地理学科课标要求中的“实践与应用”内容。通过实地考察，能提高学生的学习兴趣并能提升地理学科的学习效果，使学生切身感受和体会地理知识在实际生活中的应用及重要性，这是高中地理学科创新实验探索的重要内容之一。在新课标视域下，高中地理学科的实地考察案例分析包括以下几个方面的内容。

1. 地理自然环境的野外考察

选择一个区域，如选择自然景观优美的山区、湖区或河流流域等，进行野外实地考察。在选择的区域，学生可以利用地理工具，对该区域的地貌、地质、气候、植被、水文等自然环境特征进行观察和记录，并对该区域的海拔、地形坡度、坡向等实际测量，分析其形成的原因和对该区域发展的影响。

2. 地理人文环境的实地考察

选择一个具有人文特色的地方，如历史文化名城、民族聚居区或经济发达地区等，进行实地考察。学生可以了解该地区的历史文化、民俗风情、居民生活方式、经济发展情况等人文环境特征，并分析其对地区发展的影响。银川的地理学科教师可以组织学生到闽宁镇实地考察，了解闽宁镇如何从过去的“干沙滩”蜕变为今天的“金沙滩”。

3. 应对地理问题与挑战

选择一个存在地理问题或挑战的地区，如城市化、环境污染、资源利用与保护、荒漠化地区的生态修复重建等问题，进行实地考察。学生可以了解该地区出现的地理问题或挑战的具体表现、原因及解决办法，并分析地理因素在问题形成和解决过程中的作用。如开展宁夏盐池沙漠化地区生态改造情况调研、沙漠化地区经济发展情况调研等。

4. 地理实践活动中新技术应用

地理实践活动中的新技术应用极大地丰富了地理学的研究方法和手段，使得地理研究更加精准、高效，使地理实践活动的技术手段更加丰富。在地理实践活动中科学地选择使用地理信息系统（GIS）、全球定位系统（GPS）、遥感技术、虚拟现实（VR）与增强现实（AR）、大数据分析、云计算平台、无人驾驶飞行器（UAV/Drones）等。这些技术可以产生海量的地理相关数据。通过对这些数据进行挖掘和分析，可以获得关于人口流动、气候变化等方面的新见解。也可以创建沉浸式的三维地理环境体验，帮助学生更好地理解和感受地理概念。例如，在教育领域中使用 VR 模拟火山爆发过程；或者应用 AR 应用程序可以在真实世界视图上叠加地理信息。随着科技的进步，更多创新性的技术和工具将不断涌现，并融入地理实践活动中，推动地理科学研究向更高层次发展。

总之，学生通过实地考察获得实践技能和科学素养的培养，加深对地理理论的理解，提高应用地理知识的能力。因此，高中地理学科应当更加重视实地考察教学，为学生提供更多实践机会，让他们在实践中感受地理学科的魅力和实用价值。

案例四：开展城市环境状况调查与评价

随着城镇化进程的加快，城市环境质量对居民生活水平和身体健康状况起着至关重要的影响。开展城市环境状况调查评估工作，对改善城市居民居住条件、增强城市竞争力具有十分重要的意义。本案例将从空气质量、噪声污染、绿化覆盖率和废弃物管理等方面，对城市环境进行调查与评价。

第一，城市环境中空气质量是最重要的指标之一。可通过 PM2.5 浓度、二氧化硫和氮氧化物排放量三项监测指标，探究实现城市空气质量达标的方法。良好的空气质量有助于减少呼吸道疾病的发生，并提高人们的工作效率、生活质量和健康指数。因此，政府应加大力度治理大气污染，推广应用环保技术，以改善城市空气质量。其次，影响城市居民生活质量的另一个重要因素就是噪声污染，其对人的身体健康和精神状态都会造成不良的影响，如在城市中行驶的车辆、工厂活动、建筑施工等产生的噪声。通过对噪声源的监测和控制，降低居住者受到噪声污染的影响。可通过建设隔音墙、提供噪声缓冲区域以及鼓励使用低噪声设备等措施，有效改善城市的噪声环境。再次，改善城市环境，提高城镇绿化覆盖率同样是必不可少。对比不同年份的卫星遥感图像，探讨城市植被覆盖率的变化对城市热岛效应的影响。增加城市的绿地面积和植被覆盖，可以提供更多的氧气、净化空气、降低环境温度并改善城市生态系统。政府应该加大对绿化项目的投入，鼓励居民参与社区绿化活动，并加强绿化管理，以提高城市的绿化覆盖率。最后，废弃物管理也是城市环境评价的重要方面。监测某居民小区废弃物分类，回收的废弃物得到妥善处理，不仅可以减少资源浪费，对环境污染程度也会降低。政府应该加强废弃物分类和回收利用的宣传教育，建立完善的垃圾处理系统，并加强对垃圾处理企业的监管，以保护城市环境和人民的健康。

总之，城市环境调查与评价对于改善城市居民的生活条件和提升城市竞争力具有重要作用。政府应该加强对城市环境的管理和监督，增强环保意识的普及，促进可持续发展，实现人与自然和谐共处的目标，通过调查活动培养学生的社会责任感。只有这样，我们才能创造一个更加宜居、宜业的城市环境。

（一）城市环境状况调查与评价教学设计

课题名称：城市环境状况调查与评价（以某城市某小区废弃物投放状况的调查与评价为例）

1. 开展生活代谢废弃物调查的意义

随着城镇化进程的加快，城市环境问题越来越突出，其中，城市垃圾管理成为亟待解决的重要问题之一。为此，本教学设计以某居民区废弃物调查为主题，旨在使学生了解废弃物的来源和对环境的影响，并提出相应的改善措施，促进城市环境的可持续发展。通过增强学生的环保意识来激发其行为动机，达到鼓励学生的目的。

2. 教师课堂情景导入（10分钟）

（1）展示图片引发学生思考　教师首先展示一组某城市垃圾堆积的图片，引发学生思考“垃圾围城”带来的环境后果，引起他们对废弃物分类问题的关注。

（2）教师指导学生回答提出的问题

① 你们在平时生活中出现的生活资源浪费问题？有哪些环境污染问题？废弃物

随意排放问题？

② 你认为废弃物对城市环境有何影响？

③ 你居住的小区居民有没有生活垃圾自觉分类的意识？

3. 学生废弃物调查与分类（30分钟）

（1）教师将学生合理划分为四个小组，每组选择一个城市公共场所进行考察，如学校、公园、居民小区或商业区。

（2）学生通过实地观察，调查该地区的废弃物情况，并记录下来。调查项目包括废纸、塑料瓶、食品包装以及食品废弃物等常见垃圾的种类和数量。

（3）学生将收集到的垃圾进行分类处理，将其分为三大类：不可回收物、可回收物和有害垃圾。

4. 学生评价废弃物对城市环境造成影响（20分钟）

（1）教师提出问题，指导学生进行讨论：废弃物对城市环境的不良影响有哪些？怎样将这些废弃物合理处理才能将影响降到最低限度？城市废弃物造成的水源污染、空气污染和土壤污染等问题怎样处理才是最合理的。

（2）组织学生进行小组讨论，总结废弃物对城市环境的主要影响，并列出对环境和人类健康的潜在风险。

5. 学生提出并分享改善措施（30分钟）

（1）学生提出针对废弃物问题的解决措施，包括废弃物分类、资源回收利用、减少使用一次性物品等。

（2）学生进行小组展示，分享各自的改善措施，并讨论其可行性和效果。

6. 教师组织学生总结与评价（10分钟）

（1）引导学生回顾整个调查过程，并总结废弃物调查的重要性和意义。

（2）学生进行自我评价，思考自己在调查中的表现和收获，并展望未来的环保行动。

7. 开展教学评价

（1）教师观察学生的参与和讨论情况，评价学生的实地调查能力和数据分析能力。

（2）学生根据实地调查结果和讨论的内容，撰写一份简短的报告，评价学生对城市环境调查与评价的理解和应用能力。

8. 教师引导学生拓展延伸课外知识

（1）学生可以选择其他地区进行城市环境调查和评价，比较不同地区的城市环境状况。

（2）学生可以进一步研究城市环境评价的方法和指标，探索更深入的城市环境问题。

9. 教师进行教学反思

通过本次废弃物调查与评价的教学设计，学生不仅能够了解废弃物对城市环境的影响，还能培养其环保意识和解决问题的能力。通过实地调查和小组讨论，学生将现实问题与环境保护联系起来，提出解决方案，切实体验自己的行动对城市环境的重要性。这种身体力行的教学方式，不仅能提高学生的学习兴趣，而且能增强其环保意识和动手能力，为培养新时代的合格公民夯实素养基础。

（二）高中学生对城市废弃物的认识和行为习惯问卷及调查、结论分析

高中学生对城市废弃物的认识和行为习惯问卷调查表

问卷调查目的	了解高中学生对城市废弃物的认识和行为习惯，为推行环保教育和提出相关政策建议提供参考，此问卷仅用于本次调查分析，不会用于商业用途。以下问题请您结合自身实际给予解答，感谢您的加入！□中请打√即可			
1. 您的性别	a. 男性□			b. 女性□
2. 您的年级	a. 高一□	b. 高二□		c. 高三□
3. 您居住的城市	a. 一线城市□	b. 二线城市□	c. 三线城市□	d. 四线城市及以下□
4. 您对废弃物的定义是什么				
5. 您认为城市废弃物的分类有哪些				
6. 您的家庭在日常生活中是否有废弃物分类垃圾桶的设置	a. 是□			b. 否□
7. 您是否了解您所在城市的废弃物分类政策	a. 是□			b. 否□
8. 您在家庭生活中有参与废弃物的分类和回收吗	a. 是□			b. 否□

续表

9. 您在学校中有参与废弃物的分类和回收吗	a. 是□	b. 否□
10. 在城市垃圾分类回收的相关活动中，您是否愿意积极参与	a. 是□	b. 否□
11. 您认为城市废弃物分类和回收的重要性是什么		
12. 您对城市垃圾处理现状的改善有何建议		
备　注	非常感谢您的参与！您的回答对我们的调研工作会产生重要的促进作用	

高中学生对城市废弃物的认识和行为习惯问卷调查结论分析

<table>
<tr><td>调查对象</td><td>高中学生</td><td>调查时间</td><td>2022年6月</td><td>调查地点</td><td>某市高中校园</td><td>调查方法</td><td>问卷调查</td><td>调查目的</td><td></td></tr>
<tr><td>调查结果分析</td><td colspan="8">1. 废弃物的认知情况
62%的学生能准确解释废弃物的含义，但只有43%的学生能清晰地区分可回收物、有害垃圾和其他垃圾。65%的学生对废弃物的种类和来源了解不足，有75%的学生对废弃物的产生过程知之甚少
2. 关注程度
超过80%的学生表示对城市废弃物问题关注较高，但只有25%的学生主动参与相关环境保护活动
学生更关注的是废弃物对环境和健康的影响，而对于资源利用和循环经济的重要性认识不足
3. 行为习惯
仅有30%的学生主动进行废弃物分类，而且大部分是因为学校的要求而不是自觉行为。随意丢弃垃圾的学生超过了60%，仅有10%的学生主动寻找回收点</td><td rowspan="2">了解高中学生对城市废弃物的认知、关注程度以及相关行为习惯，以促进环境保护教育和可持续发展意识的提升</td></tr>
<tr><td>结论</td><td colspan="8">高中学生在城市废弃物问题上的认知和行为习惯仍然存在较大的改进空间。要加强对他们的相关教育，提高学生对垃圾分类、资源利用等方面的知识，培养学生保护环境、爱护环境的意识和责任心。同时，社会各界应提供更多的废物回收点，并加强宣传，鼓励学生主动参与环境保护活动，共同建设更加美丽、洁净的城市</td></tr>
</table>

高中地理学生城市环境（废弃物）实践调查表

<table>
<tr><td>调查对象信息</td><td>姓名</td><td></td><td>年级</td><td></td><td>性别</td><td></td><td>学校</td><td></td></tr>
<tr><td>调查地点信息</td><td>城市名称</td><td colspan="2"></td><td>具体位置（街道/社区）</td><td colspan="4"></td></tr>
<tr><td rowspan="22">调查内容</td><td rowspan="8">废弃物的种类</td><td colspan="4" rowspan="2">有害垃圾（电池、荧光灯管等）</td><td colspan="2">日收集量（吨）</td><td>日运输量（吨）</td></tr>
<tr><td colspan="3"></td></tr>
<tr><td colspan="4" rowspan="2">可回收垃圾（纸张、塑料瓶等）</td><td colspan="2">日收集量（吨）</td><td>日运输量（吨）</td></tr>
<tr><td colspan="3"></td></tr>
<tr><td colspan="4" rowspan="2">厨余垃圾（剩饭剩菜等）</td><td colspan="2">日收集量(吨)</td><td>日运输量（吨）</td></tr>
<tr><td colspan="3"></td></tr>
<tr><td colspan="4" rowspan="2">其他（请注明）</td><td colspan="2">日收集量(吨)</td><td>日运输量（吨）</td></tr>
<tr><td colspan="3"></td></tr>
<tr><td>废弃物的来源</td><td colspan="7">家庭　　|　学校　　|　社区　　|　商业区　　|　其他（请注明）</td></tr>
<tr><td rowspan="5">废弃物的处理方式（在空格内打√）</td><td colspan="5">垃圾分类投放</td><td colspan="2"></td></tr>
<tr><td colspan="5">垃圾焚烧</td><td colspan="2"></td></tr>
<tr><td colspan="5">垃圾填埋</td><td colspan="2"></td></tr>
<tr><td colspan="5">垃圾回收</td><td colspan="2"></td></tr>
<tr><td colspan="5">其他（请注明）</td><td colspan="2"></td></tr>
<tr><td rowspan="4">废弃物处理的现状</td><td colspan="5">垃圾分类投放是否普及</td><td>是</td><td>否</td></tr>
<tr><td colspan="5">垃圾处理设施是否完善</td><td>是</td><td>否</td></tr>
<tr><td colspan="5">垃圾回收率是否高</td><td>是</td><td>否</td></tr>
<tr><td colspan="3">垃圾处理对环境的影响（请将影响填入空格内）</td><td colspan="4"></td></tr>
<tr><td rowspan="4">废弃物处理问题</td><td colspan="3">垃圾分类投放意识不足的原因</td><td colspan="4"></td></tr>
<tr><td colspan="3">垃圾处理设施不完善的原因</td><td colspan="4"></td></tr>
<tr><td colspan="3">垃圾回收率低的原因</td><td colspan="4"></td></tr>
<tr><td colspan="3">其他存在的问题（请注明）</td><td colspan="4"></td></tr>
</table>

续表

<table>
<tr><td>调查对象信息</td><td>姓名</td><td></td><td>年级</td><td></td><td>性别</td><td></td><td>学校</td><td></td></tr>
<tr><td>调查地点信息</td><td colspan="2">城市名称</td><td colspan="2"></td><td>具体位置（街道／社区）</td><td colspan="3"></td></tr>
<tr><td rowspan="4">调查内容</td><td rowspan="4">废弃物处理改进建议</td><td colspan="4">增强垃圾分类投放意识的方法</td><td colspan="3"></td></tr>
<tr><td colspan="4">完善垃圾处理设施的措施</td><td colspan="3"></td></tr>
<tr><td colspan="4">提高垃圾回收率的建议</td><td colspan="3"></td></tr>
<tr><td colspan="4">其他改进建议（请注明）</td><td colspan="3"></td></tr>
<tr><td>备注</td><td colspan="8">（如有需要，请填写其他相关信息）请根据实际情况填写调查表，并在完成后进行数据分析，总结调查结果</td></tr>
</table>

案例五：农田水利系统调查与分析（以银川平原的农田水利灌溉系统为例）

发展好农田水利，是促进农业生产的前提，既是农民增收致富的重要保障，也是高质量发展农业的根本。立足新课标内容中对水资源的有效管理和合理利用的要求，对水利系统的调查分析至关重要。

（一）农田水利系统现状

1. 组织学生调查水利灌溉设施

农田水利系统包括灌溉设施、水库、水渠和蓄水池等，学生调查这些设施的状况可以了解到农田的灌溉情况、水库蓄水量以及水渠的通畅程度。通过调查，可以发现设施的破损情况、水利设备的维护是否到位等问题。例如，带领学生到宁夏青铜峡市观察唐徕渠、汉延渠、西干渠等渠首的运作方式，考察这些灌溉渠道渠首设备是如何维护的。

2. 组织学生调查土壤湿度

农田水利的主要目的是提供足够的水源满足作物的需水量。组织学生调查土壤湿度，可以了解到灌溉的效果，判断土壤是否过干或过湿，从而及时调整灌溉的水量和频率。对于土壤湿度除了直观地观察外，也可利用土壤湿度仪直接定量测定。

3. 组织学生调查农田排水系统情况

农田排水设施的良好与否直接影响作物的生长，调查农田排水情况可以判断排水系统是否畅通，以及是否存在积水、渗漏，思考干旱地区排水系统不通畅可能引发的环境问题等。这样可以及时采取措施，保证农田排水的顺畅，避免作物生长受阻。同时引导学生思考如果干旱地区灌溉排水不通畅并引发了环境问题，该采取怎样的措施去解决。

（二）进行农田水利系统的分析

1. 农田灌溉水资源利用效率分析

组织学生调查农田水利系统，可以了解水资源的利用效率，如是否存在水源浪费、灌溉过量等情况。及时调整水资源利用状况，来减少浪费，提高资源利用效果，确保农田灌溉所需。

2. 水利灌排设施升级改造分析

农田水利灌溉系统的设施一般需要长期使用和维护，通过调查设施的破损情况，可以判断是否需要进行升级改造。通过分析，可以确定设施改造的优先级和范围，给相关部门提出建议，便于他们及时进行维修和更新，保证农田水利系统的正常运行。

3. 农田灌溉制度实施情况分析

学生调查农田水利系统可以了解灌溉制度的实施情况，如灌溉频率、灌溉量等。通过分析，可以优化灌溉制度，确保作物的需水量得到满足，并减少灌溉过程中的浪费。

（三）归纳分析结论

农田水利系统的调查与分析是农业生产管理的重要一环，学生通过调查可以发现问题，教师组织学生通过分析提出解决方案。只有深入调查与分析，才能及时调整农田水利系统的运行方式，提高农田水利资源的利用效率，确保实现农业生产的可持续发展。

（四）农田水利系统调查与分析教学设计

<table>
<tr><td colspan="2">教学目标</td><td>（1）了解农田水利系统的基本概念和作用
（2）学习调查和分析农田水利系统的组成和运行特点
（3）运用地理方法观察分析农田水利系统，培养学生分析问题的能力
（4）提高认识和理解农田水利系统的重要性</td></tr>
<tr><td colspan="2">教学内容</td><td>（1）农田水利系统的组成和作用
（2）农田水利系统的运行特点
（3）农田水利系统观察和分析的方法</td></tr>
<tr><td rowspan="10">教学步骤</td><td>步骤一：
引入</td><td>教师通过农田水利系统概念与作用的介绍，引起学生对农田水利系统的兴趣，然后将农田水利系统内容进行简单地介绍</td></tr>
<tr><td>步骤二：
概念讲解</td><td>通过课堂讲解，向学生介绍农田水利系统的组成和作用。包括灌溉设施、水源设施等，同学们要充分了解农田水利灌溉系统的作用</td></tr>
<tr><td>步骤三：
观察与实践</td><td>在学校附近或农田地区选择一个农田水利系统进行调查和实践。学生可以调查农田水渠、灌溉设备、水泵等，并记录下自己的调查结果</td></tr>
<tr><td>步骤四：
数据分析</td><td>学生根据调查数据进行分析。比如，农田水渠的长度、宽度、水流速度等数据</td></tr>
<tr><td>步骤五：
讨论交流</td><td>学生们就各自的调查成果、资料分析成果进行讨论和交流。教师可耐心指导学生对农田水利系统的优点和缺点进行客观分析</td></tr>
<tr><td>步骤六：
总结归纳</td><td>学生根据讨论交流的结果，总结归纳农田水利系统的特点和重要性</td></tr>
<tr><td>步骤七：
拓展延伸</td><td>通过拓展延伸的学习方式，让学生了解农田水利系统在不同地理环境和不同农作物种植中的应用和变化</td></tr>
<tr><td>步骤八：
实践应用</td><td>要求学生在实践中运用所学知识，以农田水利系统为例，设计一个自己的创新项目，提出改进农田水利系统的建议</td></tr>
<tr><td>步骤九：
总结反思</td><td>学生对本次实验的调查和分析结果进行总结和反思，思考实验中存在的问题以及自己需要进一步提高的地方</td></tr>
<tr><td>步骤十：
作业布置</td><td>布置作业，要求学生根据本次实验的调查和分析结果，撰写一篇关于农田水利系统调查和分析的实验报告</td></tr>
<tr><td>教学评价</td><td colspan="2">（1）调查记录和分析数据的准确性
（2）对农田水利系统的特点及其重要程度的概括和归纳能力
（3）创新项目的设计和提出改进建议的能力
（4）实验报告的撰写能力和表达能力</td></tr>
</table>

（五）高中学生撰写的农田水利系统调查与分析报告（示例）

<table>
<tr><td>学校</td><td>银川九中</td><td>学生姓名</td><td>吴 ××</td><td>班级</td><td>高三年级（11）班</td></tr>
<tr><td>题目</td><td colspan="5">银川平原农田水利灌溉系统调查与分析报告</td></tr>
<tr><td>报告内容</td><td colspan="5">农田水利系统是农业生产不可或缺的重要基础组成部分，对农作物的生长发育和成熟收获起着至关重要的作用。作为一名高中学生，我有幸能够深入实地观察和分析农田水利系统的运作，这让我更加深刻地认识到了其重要性和影响力。
首先，在观察农田水利系统的运作过程中，我发现了其对农作物的灌溉和排水起到了至关重要的作用。农田水利系统通过引水渠、水泵和水管来向农田供水，保证了作物在干旱季节得到足够的水分。同时，系统中的排水设施也能够及时排除农田中的积水，避免农作物因过度浸泡而受到伤害。这种为作物提供良好生长环境的高效排水系统，无论对作物产量还是品质都大有裨益。
其次，农田水利系统也可以对农田中的水分利用进行有效控制。我发现，在水利系统的引导下，农民能够根据农作物的需水量和生长阶段，合理地安排灌溉的时间和强度。通过科学合理的灌溉技术，农民能够将水源分配到不同的农田区域，满足不同农作物的生长需求。这样既可以减少浪费，又可以使水资源的利用效率降到最低。此外，农田水利系统还能够帮助农民进行定量施肥，确保农作物能够充分吸收养分，避免过度和不足地施肥，有效提高农作物的产量和质量
最后，在对农田水利系统的调查中，我也发现了一些问题和改进建议。例如，在一些偏远地区，水利设施的建设和维护存在一定的困难，导致供水不稳定和设备老化。此外，一些农民对科学灌溉技术的了解和应用还不够深入，导致了一定程度的浪费和不合理的施肥。为此，我建议政府及相关部门对农田水利系统加大投入和支持力度，加强设施建设和养护，在提高农民灌溉水平、大力发展节水农业以提高用水效率等方面给予相应的培训和指导
综上所述，作为一名高中学生，通过深入调查和分析农田水利系统的运作，我对其重要性和作用有了更深入的认识。农田水利系统的高效运作能够为农作物的生长提供良好的环境，同时能够有效地控制水分利用，最大限度地提高水资源的利用效率。然而，也存在一些问题和挑战需要克服，政府和相关部门应该加大投入和支持，帮助农民提高灌溉水平和水资源利用效率，为农业生产的可持续发展作出贡献</td></tr>
</table>

（六）学生在农田水利系统调查与分析活动中的评价量表

<table>
<tr><td>姓名</td><td></td><td>班级</td><td></td><td>所在学校</td><td></td></tr>
<tr><td rowspan="2">评价项目</td><td></td><td colspan="2">评价内容</td><td>评价标准</td><td>评价结果</td></tr>
<tr><td>知识理解（10分）</td><td colspan="2">1. 理解农田水利系统的基本原理和概念
2. 能够解释农田水利系统中各个组成部分的功能和作用</td><td>说明：依据评价内容作出评价，评价内容的总赋分不能超出评价项目的总分。例如知识理解的总赋分为 10 分，评价内容每一项可赋分 1~5 分</td><td></td></tr>
</table>

续表

<table>
<tr><td>姓名</td><td></td><td>班级</td><td></td><td>所在学校</td><td></td></tr>
<tr><td rowspan="8">评价项目</td><td>调查与分析能力（15分）</td><td colspan="2">1. 能够准确调查农田水利系统的现象和变化
2. 对农田水利系统存在的问题能够进行分析，有针对性地提出可行的解决办法</td><td rowspan="7">说明：依据评价内容作出评价，评价内容的总赋分不能超出评价项目的总分。例如知识理解的总赋分为 10 分，评价内容每一项可赋分 1~5 分</td><td></td></tr>
<tr><td>实验操作能力（15分）</td><td colspan="2">1. 能够熟练运用实验仪器和设备进行农田水利系统的调查和分析
2. 能够正确操作并记录实验数据</td><td></td></tr>
<tr><td>数据处理与解释（10分）</td><td colspan="2">1. 能够运用恰当的方法，对调查、试验资料进行加工和分析
2. 能准确解释材料分析的结果，并能有理有据地给出结论</td><td></td></tr>
<tr><td>创新思维（15分）</td><td colspan="2">1. 能够提出创新的调查和分析方法，提出新的问题和研究方向
2. 能够具备创新解决问题的能力</td><td></td></tr>
<tr><td>团队合作能力（15分）</td><td colspan="2">1. 能够与同伴共同合作完成农田水利系统调查和分析的任务
2. 能积极参与班里的讨论，发表自己的看法和建议</td><td></td></tr>
<tr><td>沟通表达能力（10分）</td><td colspan="2">1. 能将自己的调查分析结果表述清楚、准确
2. 能够用适当的语言和方式向他人描述农田水利系统调查与分析的过程和结果</td><td></td></tr>
<tr><td>其他（如果有加以说明）（10分）</td><td colspan="2"></td><td></td></tr>
<tr><td colspan="2"></td><td></td><td></td></tr>
<tr><td>备注</td><td colspan="3">以上量表可以根据具体情况进行修改和调整，以适应不同教学目标和要求</td><td>总分</td><td></td></tr>
</table>

案例六：自然灾害的实地应对与应急演练

自然灾害的实地应对与应急演练非常重要，有利于增强学生防灾意识，帮助学生提高应对灾害的能力和意识，保障学生的生命安全和财产安全。以下是学校开展自然灾害的实地应对与应急演练的建议和步骤，可供参考。

（一）制订学校相应的灾害应急预案

在学校中制订相应的应急预案，针对可能发生的自然灾害类型以及突发事件，有的放矢地进行应急处置。预案应包括组织结构、预警机制、人员安排、物资准备、信息传递、撤离、救援等各个方面的内容。自然灾害是地理学科中一个重要的研究对象，而实际应对和应急演练是针对自然灾害发生时的实际行动和演练预案。在新课标视域下，高中地理学科以应对自然灾害和制订应急预案为核心内容，进行创新实验探索。

1. 开展实地应对自然灾害的实验探索

（1）组织学生实地考察与观察　组织学生到自然灾害多发地区进行实地考察，调查自然灾害频发地区的地理环境条件、灾害形成的原因、影响程度等。通过收集资料，记录实地考察的结果，分析灾害发生的规律和影响因素。如组织银川的学生到贺兰山山地崩塌区开展实地调研与观测。

（2）利用实验室或模型设施开展灾害模拟实验　利用实验室或模型设施，模拟风暴潮、海啸、地震、洪水等自然灾害的发生过程，探究灾害产生的影响，探讨应对灾害的策略和方法。让学生体验灾害发生时的场景，了解灾害对地理环境和对人类社会的影响等，通过模拟演练使得学生在灾害发生时能泰然自若地利用所学知识从容应对。

（3）组织学生参与灾害防治技术实践　组织学生与本地区的灾害救援大队一起参加地质灾害防治、洪涝灾害防治、气象灾害防治等相关技术实践活动，如在救援大队的指导下学生搭建抗震建筑模型、制作防洪堤坝模型等，培养学生应对自然灾害应对措施的能力。

2. 应急演练中的应急预案制订

（1）学校开展灾害应急知识教育　学校通过课堂教学、讲座、参观灾害应急展览等形式，向学生普及基本的自然灾害知识、应急避险常识、紧急避险措施等，使学生增强对灾害的防范意识和应对能力。

（2）科学地制订学校的自然灾害应急预案　学校可以与当地有关部门合作，制订学校的自然灾害应急预案，包括灾害发生时的应急逃生路线、应急物资准备、规划安全疏散场所、组织安全疏散等，让学生参与预案的制订和修订。

（3）学校应定期组织开展学生应急演练活动　学校应定期组织自然灾害应急演练活动，模拟不同自然灾害发生的情景，让学生在灾难发生时，能够提高应急反应能力和团队协作能力，并根据预案，让学生进行紧急逃生、参与抢险救援等活动。

（4）学校应开展自然灾害知识竞赛和应急技能竞赛　通过举办自然灾害知识竞赛、应急技能竞赛、自然灾害知识展览等活动，提高学生对自然灾害的认知和防范能力，激发学生学习地理学科的兴趣和热情。

总之，通过以上实地应对自然灾害的实验探索和应急演练的预案制订，可以提高学生的地理学科应用能力和自然灾害应对能力，培养学生的科学素养和应急意识，为地理学科的创新发展和实践教学提供有效支持。

（二）学校应定期组织应急演练

自然灾害的应急演练是地理学科中非常重要的内容之一。定期组织应急演练，模拟各种自然灾害情景，进行集中培训和实地演练。应急演练应包括不同层级的人员，涵盖不同场景和环境，并注重与相关部门的协调配合。组织应急演练应包括以下几个方面的内容。

1. 组织学生开展实地考察与观测

学生可以选择一种常见的自然灾害，前往受灾地区进行实地考察与观测。可以收集现场的地理数据、采集相关样品、观察受灾地区的地貌变化等，以便深入了解灾害发生的原因和影响。

2. 指导学生制订应急演练方案

学生可以根据之前的实地考察与观测结果，结合地理学科的相关知识，制订相应的应急演练方案。制订的方案应该包括预警系统的建立、人员疏散和避难措施、紧急救援和灾后重建的规划等。

3. 根据制订的方案组织学生应急演练

可以在学校或社区内组织一场应急演练活动，让学生参与到实践活动中，体验模拟受灾情况下的应急响应和行动。应急响应和行动可以通过角色扮演、模拟救援行动、演练逃生等方式来进行。学生可以根据实地考察和观测的结果，分析演练中的优点和不足，进一步完善应急演练方案。

（三）应急演练内容的设定

应急演练中应包括紧急疏散、救援物资调配、协调沟通和医疗救助等方面内容。可以模拟火灾、地震、洪水、飓风等不同类型的灾害情景，演练应急反应、逃生、救援和恢复等环节。

（四）应急演练的评价与总结

应急演练结束后，评估总结演练成果。评价内容包括演练过程中人员协作配合情况、应急预案执行情况、救援物资调度效率等。在总结中能发现演练过程中存在的问题，且能及时完善预案和应急措施等，以此来总结经验教训。下面关于自然灾害的实地应对与应急演练的评价与总结内容作如下的表述。

1. 实地应对方案的评价

（1）评价实地应对方案的科学性和可行性，包括灾害的预测和预警机制、应对措施的合理性和有效性等。

（2）评价实地应对方案的实施过程和效果，包括组织协调能力、信息传递和应急行动的效率等。

2. 应急演练的过程评价

（1）评价应急演练的目标和内容，包括演练的类型（模拟演练、实地演练等）、演练的场景和情境等目标确定是否合理。

（2）评价内容包括应急演练的组织管理情况，如演练方案的设计与准备、演练的组织与协调等内容是否完善。

（3）对突发事件演练进行事后总结和改进，对突发事件演练效果、结果进行客观的评价，评价内容包括演练过程中存在的问题和不足等。

3. 创新实验探索与案例的总结

（1）总结实地应对方案和应急演练的成功经验以及应该吸取的经验，以供今后实践时参考和借鉴。

（2）分析实地应对方案和应急演练的影响因素，这些影响因素主要从地理环境、社会经济条件、政府政策等视角去考虑。

（3）探索创新的实地应对方案和应急演练方法，包括如何借助新技术、如何开展跨学科合作等。

4. 对应急演练方案提出改进建议

（1）针对评价中发现的问题和不足，提出改进和完善的建议，包括应对方案的调整和改进、应急演练的内容的更新和演练方式的调整等。

（2）强调实地应对和应急演练的重要性，提出增强实地实践、增加演练机会和场景的建议，如组织实地调研、参观本地应急救援机构等。

总之，通过这样的创新实验探索与案例，能够提高学生对于自然灾害的认识和应对能力，能够培养他们的地理素养和综合应用能力。

（五）组织学生家长参加演练，提高应对灾害的反应能力

所在城市应组织学生家长参加演练，增强学生家长对自然灾害的了解程度和反应能力。定期开展应急教育活动，向公众普及自然灾害常识和安全知识，提醒他们如何预防和应对自然灾害。通过学生家长带动该城市全体市民应对灾害的反应能力。

（六）加强跨部门协作协调

自然灾害应急演练往往涉及多个部门和机构，各部门之间的合作与协调还有待加强，在应急演练中不能以偏概全、舍本逐末，要重点加强与公安、消防、医疗、交通等部门的协作配合，确保各部门各司其职、齐抓共管，共同应对突发事件的发生。

（七）加强技术装备和信息化建设

灾害应对需要借助现代技术手段，如无人机、通信设备、监测系统等，提高救援效率和准确性。建立健全应急信息平台的同时，加大信息化建设力度，加强灾情监测预警和信息发布力度。

（八）改进突发事件的应急处置

根据实际情况，结合演练经验，不断改进和完善突发事件应急处置工作，提高应急处置能力。针对不同地区的特点和灾害类型，制订相应的应急预案，确保持续增强应急反应能力。

总之，确保人民群众生命财产安全的重要手段就是自然灾害的现场应对和应急演练，这样在灾害来临时可将灾害损失降到最低限度。通过有针对性的演练和培训，可以提高应对灾害的能力，提升救援效率和响应速度。

（九）自然灾害的实地应对与应急演练活动设计

自然灾害的实地应对与应急演练活动流程表

活动名称	自然灾害的实地应对与应急演练
活动目的	通过应对自然灾害和突发事件的演练，加深学生对自然灾害的认识，提高学生应对自然灾害和突发事件的能力和应急处理能力，学生们在面对自然灾害和突发事件的时候，应该有怎样的心理准备和应对突发事件的能力
活动对象	某中学全体教师和学生
活动时间	1天
活动地点	选择自然地理灾害如地震、洪水、山火、泥石流、滑坡等多发地带，
活动流程	上午8：00–12：00，下午14：00–18：00 1. 灾害现场勘查（上午8：00–10：00） （1）带领学生前往灾害频发的地区，观察现场，并向当地居民了解该地区的灾害历史和经验教训 （2）学生进行实地考察，记录灾害现场的地理特征、受灾情况等，并收集相关数据和资料 2. 灾害防治知识讲座（上午10：00–12：00） （1）邀请地理学科专家或相关机构的专业人员举办讲座，介绍不同类型的自然灾害、防灾准备工作、应急处置措施等知识 （2）学生借助讲座内容，了解不同自然灾害的特点、预防措施和应对方法
活动流程	3. 应急演练（下午14：00–18：00） （1）将学生分为几个小组，每个小组设置一个演练点，模拟不同自然灾害情景，如地震、洪水等 （2）学生根据所学知识和经验，组织小组成员进行应急演练，包括灾害预警、疏散逃生、伤员救护等环节 （3）演练结束后，总结评价演练过程中存在的问题和不足，并提出改进工作的意见，并将有关情况汇总 4. 结束式（17：00–18：00）： （1）学生汇报应急演练的成果和心得体会 （2）教师进行总结讲话，强调应对自然灾害的重要性和学习地理知识的必要性 （3）颁发活动证书和奖品，鼓励学生的参与和成长
注意事项	1. 活动期间要确保学生的安全，必要时提前联系当地相关救援机构，确保救援准备工作的完善 2. 包括场地的选择、演练道具的准备等，都要做好充分的准备，然后才能进行活动 3. 活动结束后要及时进行总结和评价，总结经验教训，以便今后的改进和提高

野外应对与应急演练活动——高二年级学生自然灾害情况测评表

班级		班长		赋分值
1. 活动目标达成程度	1 分：未达到活动目标 2 分：部分达到活动目标 3 分：基本达到活动目标 4 分：完全达到活动目标			
2. 活动组织与筹备	1 分：组织与筹备不充分，活动流程混乱 2 分：组织与筹备较为充分，活动流程有些混乱 3 分：组织与筹备充分，活动流程基本顺利 4 分：组织准备十分充分，演练进程十分顺利			
3. 活动内容安排	1 分：教学手段运用不当、缺乏互动性、不够投入 2 分：教学手段上能基本恰当地应用，但互动不足，投入不够 3 分：教学方法使用合理，有一定的互动与参与 4 分：教学方法使用非常充分，互动与参与非常充分			
4. 活动结果评价	1 分：未进行活动结果评价 2 分：进行了活动结果评价，但缺乏科学性 3 分：进行了活动结果评价，科学性基本符合要求 4 分：进行了活动结果评价，科学性非常符合要求			
5. 总分	0~4 分：演练活动表现差强人意，还需要加强相关环节的准备与落实 4~8 分：演练活动表现一般，对准备工作和相关方面的执行力都需进一步提高。 8~12 分：演练活动表现较好，但仍可以继续提升相关方面的准备与实施 12~16 分：在演练活动中的表现非常出色，能够作为一个很好的范例进行推广和分享			
备注	需要注意的是，以上评价量表仅作为一个示例，具体评价量表的设计需要根据具体活动的目标、内容和要求进行调整和补充。同时，评价量表的使用也要结合实际情况进行综合评价，以全面客观地评价活动的效果			

第三节　新课标视域下模拟实验案例分析

模拟实验是科学研究的重要手段，通过模拟现实情景，学生可以更好地了解地理事物的本质和规律。模拟实验在地理学科各个领域，尤其是对地理问题的未知领域和边界的探索，起着至关重要的作用。本节将以模拟实验为主题，探讨模拟实验对于学科研究和教育进步的重要性，并讨论一些有关地理学科模拟实验的方法和应用。

一、模拟实验的定义及意义

模拟实验是以构建模型为手段，模拟真实场景的一种科学研究方法。通过模拟实验，我们可以在控制变量的同时，对各种影响模拟实验的因素进行调节和观察，从而更好地理解问题的本质和规律。模拟实验不仅可以帮助我们理解已知的事物和现象，还可以探索未知的领域和边界，为科学研究和技术创新提供重要的参考和指导。

二、模拟实验的方法及应用

（一）数值模拟实验

通过构建数学模型和开展计算机模拟，可以对复杂的物理过程、生物系统和社会现象进行研究。例如，利用气候分析工具（Climate Consultant）开展气候模拟实验。气候模拟实验可以帮助我们预测未来的气候变化趋势，为环境保护和资源利用提供科学依据。也可以模拟潮汐的变化对人类活动的影响。还可以模拟滑坡、泥石流灾害后对人类活动的影响。

（二）利用虚拟现实（VR）技术开展虚拟实验

利用虚拟现实技术，可以在计算机环境中进行模拟实验。例如，航空飞行模拟、操作模拟、区域环境模拟等。这种方法的优势是能够减少实验成本、降低实验风险，增强实验的可重复性，提高实验的精确性。

（三）生物模拟实验

通过构建生物模型和饲养实验动物，模拟人体器官和生理过程，为药物研发和医学治疗提供依据。例如，药物毒性测试可以在实验室中利用饲养的动物进行（例如饲养小白鼠），以减少对人体实验的频次来避免对人体的伤害。

三、开展模拟实验的限制和挑战

模拟实验在科学研究中虽然具有举足轻重的地位，但也存在一定局限性和挑战性。首先，模拟实验是对真实情境的简化和近似，可能存在一定的误差和不确定性。其次，模型的选择和参数的设定需要依靠研究人员的经验和判断，可能会将主观因素引入。此外，模拟实验模拟已知的情况效果较好，对于未知的领域和边界，模拟实验的效果可能不理想。随着科学技术的不断发展，模拟实验的方法和应用也在不断创新和扩大。然而，我们也应该意识到模拟实验的局限性，能不断完善实验程序和提高模拟实验的准确性和可靠性。通过模拟实验的不断探索和创新，我们相信将会有更多的未知领域和边界被探索，这将为人类的进步和发展作出更大的贡献。

案例七：地理学科中气候变化的模拟实验

模拟实验案例分析是一种基于模拟环境的实验方法，通过模拟真实情境来进行地理学科的实验探索。下面以高中地理学科的气候变化为例，进行模拟实验案例分析。也可以使用全球气候变化的在线模拟器（EN-ROADS）进行模拟。

气候变化模拟实验步骤

案例背景	地理学科中，气候变化是学生探索的一个重要领域。学生在学习气候变化的过程中，可以通过模拟实验来深入了解气候变化的原因和影响。通过模拟实验的形式，帮助学生认识气候变化的复杂性和动态性，培养学生科学综合思维和实验能力，使学生学有所成，学有所获
案例目标	通过模拟实验，使学生能够理解气候变化的基本原理和影响因素，掌握气候变化的观测方法和分析技巧，培养学生科学研究和解决问题的能力

续表

案例过程	1. 材料准备	准备一个模拟气候变化的实验装置，包括温度计、湿度计、光照计等观测仪器，以及用于调节温度、湿度和光照的控制装置
	2. 实验设计	设计一组实验条件，模拟不同地区、不同季节的气候条件，包括温度、湿度、光照以及其他各种变量的差异。设定实验时间段为一个月或一季度
	3. 实验操作	根据实验设计，调节实验装置的温度、湿度和光照等变量，记录观测仪器的数值。例如，通过温度的调节，在不同的温度下，观察湿度的变化；通过光照的调节，观察不同光照强度下的温度变化
	4. 数据记录	根据实验操作记录观测仪器数据，分析整理数据。学生可以利用数学统计方法和可视化图表绘制，分析不同变量对气候变化的影响
	5. 结果分析	根据数据分析的结果，学生可以总结气候变化的规律和趋势，小组或同桌讨论不同因素对气候变化的影响程度，并与实际观测资料进行对比和验证
	6. 案例讨论	在实验结束后，组织学生进行案例分析讨论，探讨实验结果的意义和应用，讨论气候变化的原因和影响因素，并提出自己的解释和观点 案例评析：同学们在加深对气候变化的认识的同时，通过模拟实验案例，身体力行，自主探索。学生在培养自己的科学探究能力和解决地理问题的能力的同时，通过对材料的分析、信息提炼和讨论，提高地理学科的实用性和应用性
	7. 总结	模拟实验案例是地理学科创新实验探索的一种重要方法，通过模拟真实情境，培养学生的科学思维和实验能力。在教学中，可以根据不同的主题和目标，设计和实施不同的模拟实验案例，以达到更好的教学效果

（一）实验案例：城市热岛效应分析

城市热岛效应分析表

案例背景	城市热岛效应（Urban Heat Island Effect）是指城市地区的温度比周围的乡村和自然地区高。这主要是城市地区的人口密集、建筑物的大量存在、道路的热吸收和废热排放以及工业活动等因素导致的
案例目标	通过模拟实验分析城市热岛效应产生的机制及其影响

续表

案例过程	1. 实验材料和设备	（1）搭建简化的城市模型：简化后的城市模型，可采用小型建筑模型和道路模型共同建造，在简化的城市模型中要适度设置绿地和水域。材料可以是泡沫塑料、木板、橡皮泥等 （2）温度计：用于测量不同地区的温度 （3）风速计：用于测量不同地区的风速 （4）光照计：用于测量不同地区的光照强度
	2. 实验步骤	（1）构建城市模型：使用小型建筑模型和道路模型，按照实际城市的布局和比例建立一个简化的城市模型 （2）测量温度：在城市模型内的不同地区（例如建筑物密集区、绿地区、道路区）放置温度计，记录每个地区的温度 （3）测量风速：在城市模型内的不同地区放置风速计，记录每个地区的风速 （4）测量光照强度：在城市模型内的不同地区放置照度计，记录每个地区的光照强度 （5）分析数据：比较不同地区的温度、风速和光照强度数据，观察是否存在城市热岛效应，并分析原因和影响
	3. 实验结果和讨论	通过实验可以观察到以下现象： （1）建筑物密集区的温度较高，尤其是在夏季 （2）绿地区的温度较低，且有较好的风速和光照条件 （3）道路区的温度较高，且风速较低 （4）城市模型的温度分布呈现出类似“岛屿”的形状，中心地区温度最高，逐渐向外降低。这些观测结果表明，存在城市热岛效应。城市里的楼宇、道路等，会更多地吸收热量，积聚热量，导致市区温度升高。与此同时，建筑物和道路的存在也会阻碍风的流动，导致风速较低，进一步加剧了温度的升高。另外，城市中的绿地和树木可以提供阴凉和蒸发散热的功能，使得绿地的温度较低
城市热岛的影响：影响市民生活，影响城市环境	城市热岛效应对城市环境造成了一定的影响，也影响了人类的生活，如： （1）增加了城市地区的能耗和空调使用，进一步加剧了气候变暖和碳排放 （2）影响人们的舒适感受和健康，尤其是老年人和患有热相关疾病的人群 （3）增加了空气污染和臭氧生成的风险 （4）对城市生态系统的影响和生物多样性的影响	
备注	通过模拟实验可以更深入地了解城市热岛效应的发生原因和影响，为城市规划和环境保护提供科学依据	

（二）银川市城市热岛效应分析数据一览

城市热岛效应是指城市化进程加快时，中心城区比周边郊区气温略高，是城市化进程中突出的气温空间分布差异现象。热岛效应是全球许多城市在城镇化不断推进的情况下面临的共同课题之一。本案例以银川市为例，探讨其城市热岛效应，并提供一份分析数据表格，以便学生更全面地了解并应对这一问题。

1. 银川市的城市热岛效应

银川市是西北重镇，是宁夏回族自治区的首府城市。银川市的城市热岛效应随着城市化进程的加快而逐步显现。此前组织的学生调研显示，银川市主要存在以下几个方面的城市热岛效应。

（1）中心城区温度升高　与周边农田和郊区相比，银川市中心的温度普遍高出1~2℃甚至更多。特别是夏季，城市热岛效应对气温的影响更为显著，这使得银川城市居民面临的热压力（Harming Respiration）风险越来越大。

（2）下垫面热容量增加　由于银川市的城市扩张，大量的建筑物和硬质表面的存在，使得银川市的热容量相对较高。这就意味着，这座城市的热岛效应将进一步加剧，因为温度变化相对较小，受城市通风条件的限制，散热更加困难。

（3）城市内部的热辐射增强　银川市的建筑物和道路表面的反射率相对较低，能够更好地吸收和辐射热量。这就造成了在城市内部的热辐射增强，使得热岛效应在城市中的强度进一步增强，城市中心区的温度也因此升高。

2. 银川市城市热岛效应数据分析

下面是一份分析数据表，旨在让同学们收集整理城市热岛效应的关键数据，并对收集的数据进行分析，进一步探究银川市的热岛效应。

银川市城市热岛效应分析表

<table>
<tr><td>所在学校</td><td colspan="2"></td><td>活动班级</td><td colspan="2"></td></tr>
<tr><td>观测小组</td><td></td><td>成员姓名</td><td></td><td>组长姓名</td><td></td></tr>
<tr><td>数据测量指标</td><td colspan="2">测量方法</td><td>测量地点</td><td>测量时间</td><td>测量数值</td></tr>
<tr><td>温度</td><td colspan="2">热电偶</td><td>城市中心</td><td>2019 年夏</td><td></td></tr>
<tr><td>比热容</td><td colspan="2">红外热像</td><td>城市边缘</td><td>2020 年秋</td><td></td></tr>
<tr><td>热辐射</td><td colspan="2">辐射计</td><td>城市主干道</td><td>2021 年春</td><td></td></tr>
<tr><td>绿色覆盖率</td><td colspan="2">遥感影像</td><td>全市范围</td><td>2018 年夏</td><td></td></tr>
<tr><td>建筑物密度</td><td colspan="2">空间分析</td><td>城市主区域</td><td>2019 年秋</td><td></td></tr>
</table>

3. 银川市城市热岛效应分析结论和建议

学生通过对以上数据的收集和分析，可以更全面地了解银川市的城市热岛效应状况，并有针对性地制定调控城市热岛效应的策略。基于上述数据分析的结论，学生可以从以下几方面着手思考调控的策略。

（1）提高绿色覆盖率　种植多样化的绿色植被来增加城市公园和绿地的面积。除美化环境外，由于绿地比热容相对比较大，有助于减缓吸收太阳辐射和增强散热，减轻城市热岛效应。例如，调查银川市城市小微公园的建设对缓解城市热岛效应的作用。

（2）优化建筑规划　城市规划应合理控制建筑密度，减少地表硬化面积，增加自然通风和散热机会，降低城市热岛效应强度。例如，将城市道路建成城市通风走廊，供城市通风使用。

（3）推广绿色交通方式　减少燃油机动车的使用量，提高电动车的使用量，鼓励步行、骑行和乘坐公共交通工具出行，倡导居民绿色出行，减少尾气排放和燃烧产生的热量，对缓解城市热岛效应有积极作用，建议推广绿色的交通方式。

通过对银川市城市热岛效应的分析和建议，学生可以更好地了解和应对这一问题，为城市可持续发展提供参考。希望通过各方的共同努力为居民创造更舒适的、更宜居的生活环境，让学生能够体会到银川市在应对城市热岛效应方面所取得积极成果。

案例八：利用计算机模拟技术进行地质地貌演化的虚拟实验

地质地貌演化的虚拟实验是一种利用计算机模拟技术来模拟地球表面地质和地貌变化过程的方法。基于真实地理数据的虚拟地球模型通常是由虚拟实验创建的。通过设定不同的初始条件和参数，模拟地球表面的地质过程，如地壳运动、板块运动、地震活动等。同时，虚拟实验还可以模拟天气和气候过程，如潮汐、洋流、降雨，暴雨后的河流侵蚀等，从而模拟地表的地貌演化。在虚拟实验中，可以通过改变参数和条件来观察不同地质地貌过程的演变。例如，可以改变板块运动的速度和方向，观察不同地区地震活动的频率和强度变化；可以改变降水量和河流流速，观察不同地区河流侵蚀和地表风化的程度。通过虚拟实验，科学家可以更好地理解地球的地质和地貌变化过程，研究地质灾害的发生机制，预测地球表面的变化趋势。此外，虚拟实验还可以用于学校教育和大众科普，帮助学生和公众更直观地了解地球科学的基本原理和现象。

（一）贺兰山地质地貌演化的虚拟教学实验设计

虚拟实验教学设计旨在通过数字化模拟环境，让学生深入了解贺兰山地质地貌演化过程及原理，而不需要在现实的贺兰山地质地貌演化场景中观察。下面是贺兰山地质地貌演化的虚拟实验教学设计的案例，仅供参考。

贺兰山地质地貌演化虚拟教学设计

<table>
<tr><td>实验目标</td><td colspan="2">通过虚拟实验，学生能够了解贺兰山地质地貌演化的基本过程和原理，掌握贺兰山地貌特征及其形成原因</td></tr>
<tr><td>实验设备</td><td colspan="2">计算机、VR 设备、互联网</td></tr>
<tr><td rowspan="3">实验步骤</td><td>第一步</td><td>学生使用计算机和 VR 设备进入地质地貌演化的虚拟实验平台</td></tr>
<tr><td>第二步</td><td>学生在虚拟实验平台中选择贺兰山作为实验区域</td></tr>
<tr><td>第三步</td><td>学生观察贺兰山的地貌特征，包括山脉的形状、地形的起伏等</td></tr>
<tr><td rowspan="3">实验步骤</td><td>第四步</td><td>学生根据实验平台提供的工具和模拟场景，调整地壳运动、地质构造和外力作用等因素，模拟贺兰山地貌的演化过程</td></tr>
<tr><td>第五步</td><td>学生观察地貌的变化，并记录下来</td></tr>
<tr><td>第六步</td><td>学生分析地貌变化的原因，总结贺兰山地质地貌演化的基本规律和原理</td></tr>
<tr><td>实验内容</td><td colspan="2">通过调整地壳运动的速度、方向和幅度，学生可以模拟地壳的抬升、下沉、侧滑等运动，观察贺兰山的形成和变化过程。通过调整地质构造的类型和强度，学生可以模拟断层、褶皱等地质构造的形成和变化过程，观察贺兰山地质构造对地貌的影响。通过调整外力作用的大小和方向，如风力、水流等，学生可以模拟河流的侵蚀、沉积等过程，观察贺兰山地貌的变化</td></tr>
<tr><td>实验结果分析</td><td colspan="2">学生可根据实验结果，对受地壳运动、地质风化、侵蚀等内外力作用的贺兰山地貌等因素的影响程度进行分析。如当地壳发生抬升运动时，贺兰山可能会形成；当地壳发生下沉运动时，贺兰山可能会发生退化，当地质构造上发生断层运动时，就有可能使地表产生断裂带延伸和地表变化现象，强地震发生后就可能产生这样的结果；当外力作用发生风蚀或水蚀时，贺兰山地貌的形状和地表特征可能会发生变化</td></tr>
<tr><td>学生的收获</td><td colspan="2">通过虚拟实验，学生能够深入了解贺兰山地质地貌演化的过程和原理，提高他们的学习兴趣和理解能力</td></tr>
</table>

（二）贺兰山地质地貌演化的虚拟实验记录表

学生通过课前查找资料填写以下表格，加深对贺兰山地质地貌演化知识的理解。

实验记录表

学校		班级		姓名	
时间	地质地貌特征		演化过程		
10 万年前	贺兰山形成		构造运动引起地壳隆起，形成了贺兰山山脉		
5 万年前					
2 万年前					
1 万年前					
5000 年前					
现在					

（三）贺兰山地质地貌演化虚拟实验综合评价量表

贺兰山地质地貌演化虚拟实验综合评价量表

学生姓名		班级		年级	
评价项目	评价内容	评价标准	评价标准内容赋分		赋分
1. 实验设计	（包括实验目的、实验过程等）评价实验设计是否清楚、明确，能否达到实验的预期目的	①对达到实验预期目的的实验能否做到明确、明了 ②实验过程是否合理，是否能够顺利进行 ③实验过程是否合理，实验过程是否顺利进行	①5 分：实验目的明确，能取得应有的实验效果 ②4 分：基本明确了实验目的，能达到大部分期望 ③3 分：实验目的不够明确，未能达到实验的预期目标 ④2 分：对实验目的模糊不清，不能满足大部分要求。 ⑤1 分：实验目的不明确，无法实现		

续表

评价项目	评价内容	评价标准	评价标准内容赋分	赋分
2. 实验材料和设备	评价实验所使用的材料和设备是否充足、适用，能否有效支持实验的进行	实验所使用的材料和设备是否充足、适用，并能够有效支持实验进行	①5分：实验所使用的材料和设备充足、适用，并能够有效支持实验的进行 ②4分：实验所使用的材料和设备基本充足、适用，并能够支持实验的进行 ③3分：实验所使用的材料和设备不足或不适用，影响了实验的进行 ④2分：实验所使用的材料和设备明显不足或不适用，严重影响了实验的进行 ⑤1分：实验所使用的材料和设备严重不足或不适用，无法进行实验	
3. 实验操作	评价学生在实验中的操作是否规范、有序，是否能够正确使用实验材料和设备，并能够按照实验流程进行实验	① 学生对实验器材和设备的使用是否正确规范 ② 能否合理有序进行实验操作	①5分：学生实验操作规范、有序，能够正确使用实验材料和设备，并能够按照实验流程进行实验 ②4分：学生实验操作基本规范、有序，能够基本正确使用实验材料和设备，并能够按照实验流程进行实验 ③3分：学生实验操作不够规范、有序，使用实验材料和设备出现一定的错误或困难 ④2分：学生实验操作混乱、无序，使用实验材料和设备出现明显的错误或困难 ⑤1分：学生实验操作极其混乱、无序，使用实验材料和设备错误或困难严重影响实验进行	
4. 数据采集与处理	评价学生是否能够准确、全面地采集实验数据，能否进行合理地进行数据处理分析	① 学生对实验材料的收集是否准确、全面 ② 学生能否合理地分析处理材料	① 5分：学生能对实验资料进行准确、全面地收集，能合理分析资料处理 ② 4分：学生基本准确、全面地收集了实验材料，基本合理地处理分析了资料 ③ 3分：学生在收集实验材料时有一定的缺漏或误差，并在一定程度上分析了材料的处理情况 ④2分：学生采集实验数据存在较多的缺失或错误，并进行了有限的数据处理分析 ⑤ 1分：学生在收集实验材料时有严重遗漏或错误，而没有进行材料处理分析	

续表

评价项目	评价内容	评价标准	评价标准内容赋分	赋分
5. 实验结果与结论：	评价学生是否能够根据实验数据得出准确的实验结果，能否清晰、合理地解释实验结果，得出科学的结论	① 学生是否可以根据实验材料得出准确的分数 ② 学生是否能够清晰、合理地解释实验结果，得出科学的结论	①5分：学生根据实验数据得出准确的实验结果，并能够清晰、合理地解释实验结果，得出科学的结论 ②4分：学生根据实验数据得出基本准确的实验结果，并能够基本清晰、合理地解释实验结果，得出基本科学的结论 ③3分：学生根据实验数据得出部分准确的实验结果，并能够一定程度地解释实验结果，得出一定程度的科学结论 ④2分：学生根据实验数据得出的实验结果存在较多的错误或不准确，并进行了有限的结果解释与结论 ⑤1分：学生根据实验数据得出的实验结果存在严重的错误或不准确，并未进行结果解释与结论	
6. 实验报告	评价学生的实验报告是否能够清晰、完整地记录实验过程、结果和结论，能否按照科学报告的格式进行书写	① 学生的实验报告是否清晰、完整地记录实验过程，记录实验结果和结论 ② 学生是否能够按照科学报告的格式进行书写	① 5分：学生的实验报告将实验过程、实验结果、实验结论等按科学报告的格式清晰、完整地记录下来，并配有文字说明 ②4分：学生的实验报告基本清晰、完整地记录实验过程、结果和结论，并基本按照科学报告的格式进行书写 ③3分：学生的实验报告存在一定的信息缺失或不清晰，未能完整地记录实验过程、结果和结论，并未按照科学报告的格式进行书写 ④ 2分：学生的实验报告存在较多的信息缺失或不清晰，未能记录实验过程、结果和结论，并未按照科学报告的格式进行书写 ⑤1分：学生的实验报告存在严重的信息缺失或不清晰，未能记录实验过程、结果和结论，并未按照科学报告的格式进行书写	

续表

评价项目	评价内容	评价标准	评价标准内容赋分	赋分
7. 实验安全	评价学生在实验过程中是否能够遵守实验室安全规定、注意实验安全，能否正确处理实验过程中可能出现的安全问题	① 中学生在实验过程中是否能按实验室安全规程实施实验过程 ② 学生在实验过程中对可能发生的安全问题是否能正确应对	① 5 分：实验过程中学生在没有任何安全问题的情况下，能严格遵守实验室安全规程。 ② 4 分：中学生在实验过程中基本能做到遵守实验室安全规定，安全方面偶有小问题。 ③ 3 分：学生在实验过程中，有一些不够稳妥的举动，但未造成严重后果，学生在实验过程中出现了一些不够稳妥的举动。 ④ 2 分：学生多次在实验过程中发生不安全行为，但没有引起严重后果 ⑤ 1 分：实验中学生安全问题严重	
8. 学习效果	评价学生通过参与实验是否能够有效地学习和理解贺兰山地质地貌演化的相关知识，将理论知识与实践操作相结合	① 学生通过参与实验是否能够有效地学习和理解贺兰山地质地貌演化的相关知识 ② 学生是否能结合实际操作学习理论知识	① 1 分：学生没有表现出对贺兰山地质地貌演化的理解和知识掌握，不能提供相关的信息或解释 ② 2 分：学生对贺兰山地质地貌演化的理解和知识掌握较为有限，提供的信息或解释不完整或不准确 ③ 3 分：学生对贺兰山地质地貌演化有一定的理解和知识掌握，提供的信息或解释基本准确，但可能还有一些不完整或不清楚的地方 ④ 4 分：学生对贺兰山地质地貌演化有较好的理解和知识掌握，提供的信息或解释准确且完整，能够清晰地说明相关概念和过程 ⑤ 5 分：学生对贺兰山的地质地貌演化有较深的了解和知识掌握，对有关的概念、过程、影响因素能讲清楚，并能与其他有关的地质地貌现象做比较分析，所提供的资料或说明准确、完整、翔实	

续表

评价项目	评价内容	评价标准	评价标准内容赋分	赋分
9. 团队合作	评价学生在实验团队中是否能够积极参与合作，与他人有效地进行沟通和协作，共同完成实验任务	①实验小组中同学们能不能积极主动地参与配合 ②学生是否能够与他人有效地进行沟通和协作，共同完成实验任务	（1）学生团队协作能力（10分） ①成员之间相互配合，共同分工，有效地完成实验任务（3分） ②成员之间相互交流、讨论和协商，积极解决问题（3分） ③组员之间相互支持，相互鼓励，相互帮助（2分） ④成员之间能够充分利用各自的长处，发挥个人潜力（2分） （2）任务分工与贡献（10分） ①成员之间合理分配实验任务，确保每个成员都有机会参与和贡献（3分） ②成员之间积极主动地承担自己的责任，按时完成分配的任务（3分） ③成员之间能够主动分享并提供有价值的意见和建议，对团队的实验结果作出贡献（2分） ④成员之间能够提供有效的帮助和支持，协助其他成员完成任务（2分）	
9. 团队合作	评价学生在实验团队中是否能够积极参与合作，与他人有效地进行沟通和协作，共同完成实验任务	①实验小组中学生能不能积极主动地参与配合 ②学生是否能够与他人有效地进行沟通和协作，共同完成实验任务	（4）团队沟通与协调（10分） ①成员之间能够积极参与团队讨论和讲解实验相关知识（3分） ②成员之间能够听取和尊重其他成员的意见，共同制订实验方案（3分） ③成员之间能够有效沟通，避免冲突和误解（2分） ④成员之间能够灵活调整计划，协商解决问题，保持团队合作的稳定性（2分） （5）团队目标与成果（10分） ①团队能够明确实验目标和任务要求，并共同努力实现（3分） ②本小组能按时完成实验任务，成绩令人满意（3分） ③团队成员能够积极参与结果的分析和总结，并提出改进意见（2分） ④团队成员能够共同制作实验报告或展示，展示团队成果（2分） 总分为40分，可按积分高低评定团队配合的效果	

续表

评价项目	评价内容	评价标准	评价标准内容赋分	赋分
10. 教师指导	评价教师在实验过程中是否能够提供有效的指导和辅导，引导学生正确进行实验，并帮助学生解决实验中遇到的问题	① 教师在实验过程中是否能够提供有效的指导和辅导 ② 教师能不能正确引导学生做实验，对实验中遇到的问题，能不能正确地帮助学生解决	（1）提供清晰的指导，评分标准如下 ① 1 分：教师没有明确目标和要求开展活动，不讲解活动内容和步骤，不能很好地理解活动的目的和要求 ② 2 分：教师提供了一些目标和要求的解释，但不够清晰，学生对活动的理解有一定困难 ③ 3 分：教师清晰地明确了目标和要求，学生能够准确理解活动的内容和步骤 （2）激发学生的学习兴趣，评分标准如下 ① 1 分：教师对学生提不起兴趣，学生对实验活动的能动性有所欠缺 ② 2 分：教师试图通过某种方式来调动学生的兴趣，但学生却没有很高的参与度。 ③ 3 分：教师对学生学习兴趣的成功激发，学生在实验活动中表现出了较高的热情	
10. 教师指导	评价教师在实验过程中是否能够提供有效的指导和辅导，引导学生正确进行实验，并帮助学生解决实验中遇到的问题	① 教师在实验过程中是否能够提供有效地指导和辅导 ② 教师能不能正确引导学生做实验，对实验中遇到的问题，能不能正确地帮助学生解决	（7）督促学生完成实验报告，评分标准如下 ① 1 分：教师对学生实验报告不能及时督促完成，学生不能按时完成 ② 2 分：教师提供了一些督促和指导，但学生的实验报告完成质量较低 ③ 3 分：教师能有效地督促学生按时完成实验报告，并给予必要的辅导和支持 （8）激发学生的创造力和创新思维，评分标准如下 ① 1 分：教师在鼓励学生提出新问题和思考问题的方法上做得还不够，没有把学生的创造性思维展示出来。 ② 2 分：教师鼓励学生提出问题和思考，但学生的创造性思考和解决问题能力有限 ③ 3 分：教师能够有效地鼓励学生提出新的问题和思考方式，引导他们运用所学知识进行创造性思考和解决问题	

续表

评价项目	评价内容	评价标准	评价标准内容赋分	赋分
10. 教师指导	评价教师在实验过程中是否能够提供有效的指导和辅导，引导学生正确进行实验，并帮助学生解决实验中遇到的问题	①教师在实验过程中是否能够提供有效地指导和辅导 ②教师能否正确引导学生做实验，对实验中遇到的问题，能否正确地帮助学生解决	（3）指导学生进行实验操作，评分标准如下 ①1 分：教师没有很好地帮助正确使用虚拟实验平台，学生的操作失误较多。 ②2 分：教师提供了一些指导，但学生操作存在一定的错误 ③3 分：教师能对学生实验操作进行有效地指导，在虚拟实验平台上学生能做到准确地操作 （4）引导学生分析实验结果，评分标准如下 ①1 分：对学生提出的问题和现象的解释不能做到心中有数，教师不能帮助学生分析实验结果 ②2 分：老师对实验结果的分析给出了一定的指导性意见，但对学生的探究能力和思考能力仍存在一定的限制 ③3 分：教师能够有效地引导学生分析实验结果，学生能够提出问题和解释现象 （5）提供及时的反馈和指导，评分标准如下 ①1 分：教师未能及时给予学生实验结果的反馈，未能指出错误和改进的方法 ②2 分：教师提供了一些反馈和指导，但不够及时和具体 ③3 分：教师能及时反馈学生的实验结果，指出错误和改进的方法，在教学中能做到有的放矢，并给予必要的帮助和指导 （6）鼓励学生合作与交流，评分标准如下 ①1 分：教师对学生之间的配合和交流起不到促进作用，学生缺乏团队意识 ②2 分：教师鼓励同学协作和交流，但同窗协作和交流的能力有限 ③3 分：教师在积极分享实践经验、观察成果的同时，能有效地促进学生之间的合作与交流	
备注	以上评价标准可以在每个评价指标后添加具体的评分标准，以便评价者进行评价和打分。同时，可以根据实际需要适当添加或调整评价标准			

案例九：使用虚拟地球软件开展环境保护与可持续发展的虚拟模拟

近年来世界各国都普遍关注环保问题和可持续发展问题。在工业化和城市化快速推进的今天，环境的破坏和资源的浪费已经产生了严重的后果。我们必须行动起来，保护地球家园，推动可持续发展。首先，我们应该推行环保教育，通过教育增强群众的环保意识，提高群众对上述问题的知晓度。学校在课程中融入环境教育，并将其固化到课程中，让学生从小就养成保护环境的习惯。此外，政府和社会组织也应该组织环保活动，向公众传递环保信息并提供环保知识，鼓励人们采取更加环保的生活方式。其次，环保法规的制定与实施还需加大力度。政府应加强立法，制定更为严格的环境保护条例。加大执法力度，对于环境违法行为，政府也要加大惩治力度，才能起到震慑作用。政府和企业应该共同努力，加强环境监测和治理。此外，环境保护的另一个重要方面，就是促进可持续发展。实现可持续发展，要合理利用资源，促进循环经济，减少废弃物排放。另外，我们还应该大力开发可再生能源，减少对化石燃料的依赖，减少碳排放，降低对气候变化的影响 。最后，推动环保事业和可持续发展，关键是国际合作。环境问题是一个全球性的问题，需要在全球范围内协同作战，共同应对。各国应加强交流与合作，共同制定环保政策和措施，应对全球挑战，应对气候变化等。同时，发达国家在技术和资金方面也应为发展中国家提供支持，以增大其环境保护力度和加快走可持续发展道路的步伐。

由于当今世界面临的重大挑战就是环境保护与可持续发展。我们每个人都应该积极参与并采取行动，共同保护我们的地球家园，促进可持续发展，为我们的子孙后代创造一个更加美好的未来。只有通过全球范围内的合作和大家的共同努力，环境才能得到可持续发展。虚拟模拟环境保护与可持续发展的过程可以通过以下步骤来实现。

（一）创建虚拟环境

模拟虚拟环境可以为高中地理学科的环境保护与可持续发展教学提供丰富的资源与体验。创建一个虚拟环境，可以是城市、森林、河流等。这个环境可以基于现实世界模拟，也可以是完全虚构的。

1. 使用虚拟地球软件了解全球环境问题

使用虚拟地球软件，如 Google Earth、图新地球等，让学生通过地图、卫星影像等方式深入了解全球环境问题。学生可以使用虚拟地球软件进行环境问题的定位、研究和分析，如了解全球气候变化问题、观察环境污染的分布等。

2. 在实验室内进行虚拟野外考察

虚拟野外考察可以让学生在实验室内进行环境科学的学习，同时避免对自然环境的破坏。通过虚拟现实技术来模拟真实的野外环境，让学生进行虚拟的野外考察。通过虚拟的野外考察，学生可以体验真实环境，了解生态系统的组成与运作、观察濒危物种的生存环境等。

3. 通过虚拟城市规划软件了解虚拟城市规划

虚拟城市规划可以让学生理解城市发展与环境保护之间的关系，培养学生的创新思维和综合分析能力。通过虚拟城市规划软件，让学生体验城市规划与可持续发展的过程。学生可以在虚拟环境中设计城市的布局、交通系统、绿地空间等，同时考虑环境保护、资源利用和社会经济发展的平衡。

4. 创设虚拟环境模拟实验

在培养学生科学观察能力和实验设计能力的同时，虚拟实验能使学生更好地理解环境科学的实验原理和方法。让学生通过虚拟的实验平台，开展环境科学方面的实验。学生可以在虚拟环境中模拟不同的实验条件，观察环境参数的变化及其对生态系统的影响。虚拟环境的应用可以提高学生的学习兴趣和参与度，培养学生的环境意识和可持续发展观念。同时，虚拟仿真环境还能为增强教学效果、增强教学体验提供更多的教学资源和实践机会。

（二）引导鼓励学生向虚拟环境中添加环境要素

向虚拟环境中添加各种环境要素，如植物、动物、水源、大气、岩石等。这些要素既可以从现实世界中获取，也可以通过电脑生成的图片来获得。

（三）使用数学模型和算法来模拟环境中要素的变化

通过模拟环境中的各种因素的变化，如气候、污染、人口增长、城市扩张等，来模拟环境的变化过程。可以使用数学模型和算法来模拟这些变化。

（四）设定环境保护的目标

设定一些环境保护的目标，如减少二氧化碳排放、提高水质、保护耕地资源等。这些目标可以是根据现实世界的环境问题来设定的。

（五）实践在虚拟环境中采取环境保护行动

在虚拟环境中采取各种行动来实现环境保护目标。如多建绿地以减少污染，推进可再生能源以减少化石燃料的使用等。

（六）在模拟环境变化中评价环境保护的效果

通过模拟环境变化以及采取的环境保护行动来评价环境保护的效果。可以采集环境指标数据，如空气质量、水质等，来评价环境的改善程度。虚拟模拟环境保护与可持续发展可以帮助人们更好地理解环境问题以及环境保护的重要性。通过虚拟模拟，人们可以通过体验环境变化和环境保护的效果，对环境问题有更深入的认识。同时，虚拟模拟还可以帮助人们探索不同的环境保护策略，找到最佳的解决方案，从而实现可持续发展。

（七）环境保护与可持续发展的虚拟模拟教学设计

环境保护与可持续发展的虚拟模拟教学设计表

<table>
<tr><td>教学主题</td><td colspan="2">环境保护与可持续发展</td></tr>
<tr><td>教学目标</td><td colspan="2">1. 了解环保的理念和重要性以及实现可持续发展的路径
2. 了解环保与可持续发展的原理与途径
3. 能够对不同环境保护和可持续发展措施的成效进行分析和评价
4. 形成环保意识，有行动能力促进可持续发展</td></tr>
<tr><td rowspan="2">教学材料</td><td>1. 互联网资源</td><td>包括环境保护和可持续发展的案例、数据和报告等</td></tr>
<tr><td>2. 模拟实地考察</td><td>选择某个地方环境保护和可持续发展项目的模拟实地考察</td></tr>
<tr><td rowspan="4">教学活动</td><td>活动一</td><td>环境保护和可持续发展的概念介绍
（1）观看基本的介绍短片，了解环保的理念和可持续发展
（2）开展小组讨论，就保护环境的重要性和可持续发展理念进行讨论</td></tr>
<tr><td>活动二</td><td>环境保护和可持续发展的原则和方法
（1）学生们通过网络资源找到了一条可持续发展之路——环境保护的原则和途径
（2）学生分组进行研究，每个小组选择一个原则或方法进行深入了解，并撰写小组报告</td></tr>
<tr><td>活动三</td><td>环境保护和可持续发展的案例分析
（1）学生查找环保案例，通过网络资源查找可持续发展的案例
（2）学生以小组为单位进行案例分析，每个小组选择 1 个案例进行深入研究，并撰写了一篇小组报告
（3）学生展示小组报告，并进行讨论和评价</td></tr>
<tr><td>活动四</td><td>模拟实地考察
（1）学生组织模拟实地考察，选择一个当地的环境保护和可持续发展项目模拟实地考察
（2）学员们开展模拟实地考察记录、收集资料等多项工作
（3）学生撰写考察报告，并进行讨论和评价</td></tr>
</table>

续表

教学主题	环境保护与可持续发展
评价方式	1. 参与度评价：观察学生在小组讨论、小组报告和模拟实地考察等活动中的参与度和积极性 2. 报告评价：评价学生的小组报告和模拟实地考察报告，包括深度、准确性和逻辑性等方面 3. 论述性测评：对学生的表达能力、思辨能力等方面的内容进行点评
教学延伸	1. 邀请专家或相关机构举办讲座或交流，深入了解环境保护和可持续发展的实践经验和问题。 2. 组织学生参加培养环保意识和环保行动能力的可持续的环保志愿活动 3. 设计项目任务，要求学生团队合作，制订环境保护和可持续发展的解决方案，并进行实施和评价。

（八）环保与可持续发展的虚拟模拟教学评价

对于高中地理学科中环境保护与可持续发展的虚拟模拟教学评价，主要通过以下指标来实施教学评价。

1. 评价学生在模拟环境中对基础地理知识掌握能力

在高中地理学科模拟环境保护与可持续发展教学中，学生通过参与模拟环境的操作和实践，可以提高他们对基础知识的掌握能力。考核学生对环境保护与可持续发展相关知识的掌握程度，主要考查环境保护与可持续发展的关键概念、原理、案例等内容。以下是考查学生掌握地理必备知识和能力的评价办法。

（1）对学生地理基础知识点理解的评价　教师通过课堂讲解和讨论的方式，就能了解学生对环境保护的基本概念、基本原理的了解程度，进而对学生进行评价。对学生的评价可采用提问方式，也可采用分小组讨论或创设地理简析题的办法。

（2）对学生在模拟环境下的实践操作评价　学生通过操作模拟环境软件，如图新地球平台，可以深入了解环境保护和可持续发展的实际情况和要应对的挑战。教师可以观察学生的操作过程，评价学生对环境问题的认知程度、发现问题和解决问题的能力等。因此，学生对环境问题的认知程度的高低，可以作为评价学生的依据。

（3）教师引导学生进行虚拟仿真资料分析与解释　学生可以在虚拟仿真环境中通过提供的地理要素、图表等资料进行信息提炼、分析与讲解。教师对学生理解和应用环境数据的能力进行评价，学生遇到相关的数据分析和解释困难时，教师需要协助学生完成。

（4）教师创设问题引导学生解决问题　教师可以提前创设一些与模拟环境保护和可持续发展相关的问题并提供给学生，引导学生进行讨论并提出解决相关问题的方法，以此来评价学生解决相关问题的能力。

（5）教师指导学生撰写项目报告并进行评价　学生可以根据模拟环境中的实际情况，设计和开展一项环境保护或可持续发展项目，并撰写项目报告。教师可依据学生撰写的项目报告，评价学生在项目设计、实施和报告撰写过程中对地理知识的应用和创新能力。

综上所述，通过评价学生对地理学科知识的理解和应用能力，从而对学生的学习效果有进一步的指导和提高，使其在模拟环境保护与可持续发展教学中对地理学科知识的应用得到更全面的了解和认识。

2. 评价学生在模拟环境中分析环境问题的能力

通过学生分析和评价环境保护和可持续发展的影响因素，教师可以对学生分析环境问题的能力进行评价。虚拟仿真分析能力与高中地理学科教学评价可持续发展环境问题相结合，主要评价的内容包括以下方面。

（1）学生对环境问题的识别能力　学生是否能够通过模拟环境，观察、分析和识别出现实生活中的环境问题，包括自然环境和人为所造成的环境问题。

（2）学生对环境问题的分析能力　评价学生是否能够通过模拟环境，对环境问题的信息资料进行分析，深入了解问题的产生原因、结果和影响因素，并能够进行适当的比较和归纳。

（3）学生解决环境问题的能力　评价学生是否可以通过模拟环境提出解决环境问题的方法和措施，包括个人行为的改变、政策的制定、科技创新等方面的建议，同时兼顾环境、社会、经济等方面的综合利益。

（4）学生对环境问题解决方案的评价能力　评价学生是否能够通过模拟环境，对环境问题的解决方案进行评价，包括可行性、效果和可持续性等方面，能够寻找辨别出最佳的解决方案。

3. 评价学生在模拟环境中的创新思维能力

创新思维能力是指学生在解决问题的思路上能独立思考问题，并富有创造性。评价学生在模拟环境中的创新思维能力，包括学生提出新观点、尝试新方法和设计新方案等能力。在评价高中地理学科模拟环境保护与可持续发展教学效果时。要想全面地、更好地评价学生的创新思维能力，地理学科教师可以尝试通过设置具有真实情境的开放性题目、鼓励学生参与团队合作的项目等方式，让学生能够具备在真实情景中向他人展示自己的创新能力。同时，教师也应给予学生适当的指导和支持，帮助学生克服所遇到的困难，使其不断进步。评价学生在地理学科实验模拟环境中的创新思维能力，可以从以下几个方面入手。

（1）评价学生发现与提出问题的能力　观察学生是否能够从实验中发现问题，并且能够独立或在教师指导下提出具有研究价值的问题。这种能力是创新思维的基础。

（2）评价学生的设计实验方案的能力　学生能否根据所提出的地理问题，设计出合理的创新实验方案，包括实验方法的选择、实验步骤的设计等。这里不仅要考虑实验方案的可行性，还要考察其是否具有新意。

（3）评价学生的数据分析与处理能力　在实验过程中，学生能否做到有效收集数据，并运用科学的方法对数据进行分析和处理，从而得出有意义的结论。这一步骤要求学生不仅要有扎实的地理知识基础，还需要具备一定的创新性思维，能够敏感地从数据中发现新的规律或趋势。

（4）评价学生的表达与交流能力　学生良好的沟通技巧有助于激发更多的创新灵感，有助于团队间的默契合作。学生能否清晰、准确地将实验过程及结果表达出来，并能与他人有效地沟通交流自己的想法和观点，这是评价他们表达与交流能力的关键所在。

（5）评价学生解决问题并提出解决方案的能力　在模拟环境保护与可持续发展学习过程中，评价学生是否能够运用所学的地理知识及环境保护与可持续发展的理念，对模拟虚拟环境中出现的问题进行分析和解决，并提出具有创新性的解决方案。

（6）评价学生的想象力和创造力　现在的中学生有超强的想象力和创造力，如何将他们的这种能力充分地挖掘出来是学科教师要面对的问题。学生能否运用想象力和创造力，提出独特的创新观点和见解，拓展思维的边界来分析和解决模拟虚拟环境中的问题。

（7）评价学生创新能力　评价学生是否能够灵活运用地理工具和技术，设计和实施模拟环境保护与可持续发展的项目，展示出创新思维和创造性能力。

（8）评价学生的批判性思维能力　评价学生是否能够对模拟环境保护与可持续发展教学中的观点和理论进行批判性思考，提出自己的质疑和反思，并能够以创新的方式解决矛盾和问题。评价学生的创新思维能力可以通过课堂表现、项目设计和实施成果、讨论和交流等项目进行。同时，还可以采用问卷调查、学生自评等方式了解学生对自己创新思维能力的认知和评价。

4. 评价学生在模拟环境中的协作与沟通能力

团队合作能力和良好的沟通表达能力是学生必备的综合素养。评价学生是否能够主动参与团队合作，积极与他人交流和分享创新思维，共同寻找解决问题的方法和策略，完成分析和解决模拟环境中的问题。评价学生在模拟环境中的团队合作和沟通能力，包括与他人合作、分享信息和协商解决问题等。环境保护与可持续发展是当今社会亟须解决的重要问题，而协作与沟通能力则是推动解决问题的关键。在高中地理学科的教学中，利用模拟的方式进行实验探索，可以培养学生的协作与沟通能力，这是推动他们关注环境问题、探索可持续发展的重要途径。首先，可以利用模拟平台，搭建一个环境保护与可持续发展的虚拟场景，模拟真实的环境问题和解决方案。学生可以通过虚拟的角色身份，如扮演环保专家、政府官员、企业代表等不同的角色，参与到环境保护与可持续发展的决策中。在模拟过程中，学生需要协作与沟通，共同制订解决方案，权衡各方利益，并探索可持续发展的途径。其次，在模拟环境中，可以设置各种情境和任务，考验学生的协作与沟通能力。例如，可以创设一个需要学生在限定时间内扮演不同角色的环境保护与可持续发展大会，并与其他角色协商讨论，最终作出解决方案。这样的活动可以在团队合作、咨询、决策等方面激发学生的思维，培养学生高效的沟通能力。另外，也能够为学生提供各种帮助他们更好地协作和交流的资源和工具。如资源库的创设，学生可以拿到相关的资料背景，在虚拟环境资料库里做调研、做解析；也可提供在线讨论平台，让学生随时、随地交流、切磋；针对不同的解决办法，可以设置实时投票系统，供学生进行测评和选择。最后，通过模拟的实验探索，学生可以体验到环境保护与可持续发展的复杂性和挑战性，培养他们的环境保护意识和责任感。同时，通过协作与沟通，学生还可以学会倾听他人意见、尊重他人观点，并能够在冲突和分歧中寻求共识，为实现可持续发展贡献自己的力量。

总之，利用模拟的方式进行环境保护与可持续发展的实验探索，可以培养学生的协作与沟通能力，激发他们的创新思维，帮助他们关注环境问题，探索解决方案，为实现可持续发展贡献力量。

5. 评价学生在模拟环境中运用技术的能力

评价学生在模拟环境中运用技术的能力，包括操作模拟工具、获取和处理数据等能力。进一步增强学生的学习效果和创新能力，可以利用模拟技术，促进学生在高中地理学习中深入了解环境保护和可持续发展。以下是几种常见的模拟技术的应用。

（1）虚拟现实技术　学生可以身临其境地体验不同的地理环境，通过使用虚拟现实设备来了解环境保护和可持续发展的现状和面临的挑战。例如，学生可以使用虚拟现实眼镜来参观我国不同地区的国家自然保护区、城市污染状况、生态保护成果等，感受不同环境对人类社会和生态系统的影响。

（2）三维建模技术　通过使用三维建模软件，学生可以创建和探索虚拟地理环境，设计环境保护和可持续发展的解决方案。例如，学生可以使用三维建模软件（如图新地球，Global Mapper）创建一个城市模型，然后在模型中模拟不同环境保护政策的实施效果，评价其对环境和社会的影响。

（3）数据可视化技术　通过使用数据可视化工具，学生可以将大量复杂的地理数据转化为可视化图表和图像，帮助他们更好地理解环境保护和可持续发展的问题。例如，学生可以使用数据可视化软件 Smartbi（思迈特大数据分析平台）将全球的温室气体排放数据转化为热力图，评价不同地区的碳排放情况，从而提出减少温室气体排放的政策建议。例如，对比中国和美国的温室气体排放数据转化的热力图，评价两国碳排放的差异，帮助学生更好地理解我国环境保护和可持续发展政策的优越性，感受我国可持续发展的良好成效。

（4）模拟游戏技术　通过设计环境保护和可持续发展的模拟游戏，可使学生在游戏中扮演不同角色，体验决策制定和资源管理的过程。例如，利用 Simcity 模拟城市软件，学生可以参与一个城市规划模拟游戏，在有限的资源下平衡经济发展和环境保护，体验可持续城市的建设过程。

总之，通过以上模拟虚拟技术的运用，可以使学生深刻理解环境保护与可持续发展的重要性，探索出行之有效的解决办法，从而在实践中练就创新与解决问题的本领。同时，这些技术的使用也可以使学生在信息素养、科技能力等方面得到提高，为其今后的学习和未来的工作夯实基础。

6. 评价学生模拟环境中质疑、假设和验证的能力

评价学生在模拟环境质疑、假设和验证能力，包括质疑现有理论提出问题、评价

信息和形成自己的观点等。虚拟模拟技术在环境保护与可持续发展教学中的应用，既有积极的一面，也存在一些需要质疑和思辨的问题。以下呈现的是组织学生对虚拟模拟技术应用的批判与思辨能力的讨论内容。

（1）组织学生讨论模拟的真实性　模拟可以提供身临其境的体验，但模型和场景的真实性需要审慎评价。学生需要培养辨别模拟与现实情况的能力，思考模拟中的数据是否准确、模型是否符合现实情况。他们需要明白模拟是简化和近似现实的工具，而不是完全真实的再现。

（2）组织学生讨论模拟的局限性　模拟只能呈现设计者预设的情境，有可能忽略了一些实际情况。学生需要思考模拟中的因果关系是否得当，以及是否有其他因素可能影响结果。他们需要培养思辨和推理的能力，不仅依赖于虚拟模拟的结果，还要考虑其他可能的解释和影响因素。

（3）组织学生讨论模拟游戏的误导性　模拟游戏常常有明确的目标和规则，可能导致学生只关注于达成游戏目标，忽视了真实世界的复杂性和多样性。学生需要思考游戏中所模拟的环境是否真实反映了问题的复杂性，以及游戏中的决策是否适用于实际情况。需要培养他们批判和思考的能力，不仅仅追求游戏胜利，还要思考游戏的局限性和现实环境的复杂性，以免被游戏误导。

（4）组织学生讨论数据可视化的误导性　由于模拟数据中的可视化图表和图像可能过于简化和抽象，可能会误导学生对环境保护和可持续发展问题的理解。学生需要思考图表和图像所展示的数据是否完整和准确，以及是否有其他因素需要考虑。他们需要培养数据分析能力和批判性思维，这不仅仅依赖于图表和图像的表面信息，还要深入思考数据背后的真实情况。模拟技术在环境保护与可持续发展教学中的应用需要学生具备批判和思辨的能力，不能盲目接受模拟结果，还要思考模拟的真实性、局限性以及可能的误导性。通过培养批判和思辨能力，学生可以更加全面地理解环境保护与可持续发展问题，并提出更加合理和有效的解决方案。

7. 评价学生对模拟环境学习过程的反思与总结能力

评价学生对模拟环境学习过程的反思和总结能力，包括自我评价、问题发现和改进的能力。学生的反思和总结能力是指在学习和实践中，学生对自己的经验进行反思和总结。在模拟环境中，学生可以通过实际操作和体验，模拟真实的环境保护与可持续发展情境，从而培养他们的反思和总结能力。首先，学生可以通过模拟环境中的实践活动，探索环境保护与可持续发展的相关知识和技能。在这个过程中，学生可以思考和解决现实世界中的环境问题，如气候变化、水资源短缺、生态破坏等。通过实际操作和模拟体验，学生对环境保护的原理、方法以及可持续发展等方面的知识，有了一个相对较好的理解。二是学生在模拟的环境中，可以反思学习和实践。学生可以回顾自己在实践过程中的表现和经验，针对自己的长处和不足，有的放矢地反思。比如，学生在环境问题的解决上，可以反思自己的创新能力、合作能力、解决问题思路等。学生通过反思能够发现自身的潜能和不足，并据此制订改进方案。最后，学生可以在模拟环境中进行总结和分享，将自己的学习和实践经验与他人分享。学生可以通过参与小组讨论、展示等形式，与同学们交流和分享自己的思考和总结。通过与他人的交流和比较，学生可以获得更广阔的视野和更多的启发，进一步提升自己的反思和总结能力。

总之，模拟环境能为学生提供一个创新实验和探索平台，培养他们理解环境保护与可持续发展观念知识的反思和总结能力，使学生更好地理解环境保护和可持续发展的理念和原理，并通过实际操作和体验将其运用到实际生活中去。同时，学生可以通过反思、总结、制订相应的改进计划，找到自己的长处和不足。学生通过与他人的交流与分享，使反思与总结能力得到进一步加强，使视野更开阔，启发也更多。以上指标可以通过观察学生在模拟环境中的表现、课堂讨论、作业和项目等多种方法进行评价。同时，为了全面了解学生在环境保护与可持续发展模拟环境教学中的学习情况和能力发展，教师还可以根据具体情况设计调查问卷、实地考察等测评工具。

第三章
高中地理学科创新实验案例评价与总结

新课标视域下高中地理学科创新实验案例（以下简称“创新案例”）是指通过创新的教学方法和实验设计，使学生在学习地理学科的过程中，更深入地理解地理知识，获得实践经验的实验案例。以下是对高中地理学科教学中创新实验案例的评价和总结。

新课标视域下创新案例首先以学生动手能力和创新思维培养为重点，旨在通过实际操作和实践活动，培养学生在地理学科学习和实践中的观察、测量、分析和解决问题的能力，同时也鼓励学生运用创新的思维方式和方法发现和解决地理问题。创新案例也注重与现实世界的联系，它们通过对真实环境和情景的模拟，使学生更好地理解地理学科的理论知识和应用技能。例如，通过模拟气候变化和水资源管理等情境，学生可以深入理解气候变化和水资源短缺等地理问题，并提出相应的解决方案。创新案例还注重学生的合作和交流能力，其探索通常需要学生以小组为单位进行讨论和合作，共同完成实验和问题解决。通过与他人的交流与合作，学生在获得不同见解和想法的同时，拓宽了自己的思维，增强了解决问题能力。创新案例最后注重学生的反思和总结能力，它们一般要求学生在做完实验后进行反思，并对学习和实践进行总结。学生通过反思、归纳，找出自己的优势与不足，并据此制订完善方案。学生也可以通过总结和分享，与他人交流和比较，进一步提升自己学习地理学科的兴趣和能力。

创新案例在培养学生的动手能力、创新思维、合作交流和反思总结能力方面，可通过实践活动、联系实际、合作交流、反思总结等多种方式进行。这不仅让学生更深入地理解地理学科的知识和技能，同时也培养了学生自主学习和持续发展的能力。

第一节　实验案例的教学效果评价

学生对地理学科知识的学习兴趣、主动性和学习效果，与实验案例的教学效果有着密切的联系。如何评价案例教学效果就成为教学研究的任务。对高中地理学科在新课标视域下创新实验案例的教学效果评价，可从以下几个方面进行。

一、评价学生的学习兴趣和主动性

学生的学习兴趣和主动性可以通过设计科学的实验案例来激发，使他们主动投入到学习中去。评价学生的学习兴趣和主动性可以通过观察学生的参与程度、探索和发现的热情等方面来评价。

（一）评价学生在实验案例中的参与度

教师观察学生在实验案例中的参与程度，观察他们是否积极主动地参与实验活动、是否能主动提出问题且给出合理的解决方案，来评价学生的参与度。教师要仔细观察学生对实验案例的态度和实验过程中的情绪表现，观察他们是否对实验活动表现出积极的兴趣和主动的热情。如果在实验过程中学生的情绪表现为负面的，教师就需要及时反思实验案例设计是否站在学生的认知角度、是否科学，同时教师应积极主动地对学生加以引导。

（二）评价学生在实验过程中的主动学习能力

教师应观察学生是否能够在案例实验全过程中主动积极地寻找和探索知识，是否能够主动独立思考和解决问题。

（三）观察学生的自主选题和创造能力

教师应观察学生是否能自选题目，在实验案例中创造出有趣的话题，是否能有新的观点和想法，观察学生创造出的新话题能否引起同伴们的兴趣，能否激发他们的求知欲。

（四）评价学生在实验案例中的自主学习能力

教师应观察学生在实验案例中是否能够独立学习和探索知识，是否能够自主制订学习计划和方法，是否能够有创意地提出问题并寻找解决问题的方法。

以上几个方面评价，可以通过观察和记录学生的行为、观察学生在实验中的表现以及和学生进行访谈等方式来进行。这些评价可以帮助教师了解学生对实验案例的态度和参与程度，从而进一步优化和改进实验案例的设计，提高学生的学习兴趣和主动性。

二、评价学生的理解和应用能力

学生对于地理知识的理解能力和将所学知识应用于实践活动的能力培养并不是一蹴而就的。而实验案例的设计能够帮助学生更加深入地了解地理学科的知识，理解地理学科的理论，并能够在实际生活中运用所学的知识解决问题。评价学生的理解和运用能力，可以通过实验的结果、解决问题的思路等进行评价。具体来说，可通过以下几个方面来评价学生的理解和运用能力。

（一）观察学生对地理知识的理解程度

观察学生对实验案例所涉及的地理知识的理解程度，看他们是否能够准确地解释和描述相关地理概念和地理原理。例如，观察有关海水温度、盐度、密度与其他水体的对比实验；分析有关海水温度、密度、盐度与海洋航行船舶吃水深度的关系，通过实验加深对海水温度、密度、盐度与浮力关系的理解。

（二）观察学生对知识的运用能力

观察学生是否能把学过的地理知识用在实验案例中，是否能把学过的知识用在解决实际问题中。例如，运用学过的大气运动知识，观察并解释天空鱼鳞云的形成原因。

（三）观察学生对实验结果的分析和推理能力

观察学生对实验结果的分析和推理能力，是否能够合理解释实验现象，并进行逻辑推理。

（四）观察学生问题解决的能力

观察学生在实验过程中遇到问题时的解决能力，看他们是否能够通过独立思考最终寻找到解决问题的方案。

（五）观察学生的创新思维能力

观察学生在实验案例中是否能够提出新的想法和创造性的解决方案，是否能够运用创新思维来解决实际问题。

总之，评价学生的理解和应用能力，可以通过观察学生在实验中的表现，分析学生的实验报告和解决问题的过程以及与学生进行访谈等方式来进行。这些评价可以帮助教师了解学生对地理知识的理解程度和应用能力，从而进一步改进和完善实验案例的设计，促进学生的理解和应用能力的提升。

三、评价学生的实践和操作能力

实验案例的设计能够培养和提升学生的实践和操作能力，使他们掌握地理学科的实验技能和操作方法。通过观察学生实验的操作过程和能力，评价学生的动手能力和操作能力。具体可以通过以下几个方面来评价。

（一）观察学生的实验操作技巧

依据实验设计，观察学生在实验案例中的实验操作是否规范、准确、熟练，观察学生实验仪器设备的使用是否得当，是否按照实验流程来进行实验操作。

（二）观察学生的实验数据收集和处理能力

实验数据的收集和整理关乎到实验最终结论的生成。因此，观察学生在实验中是否能够准确地收集实验数据，并能进行合理地处理数据和分析就非常必要。

（三）观察学生的实验设计能力

在实验案例中观察学生能否合理设计实验方案，是否能够有针对性地整理和安排实验，是否能够科学地设计实验流程。

（四）观察学生在实验过程中的实践能力

观察学生在实验过程中是否能够独立思考和解决实际问题，是否能够灵活运用实验方法和实验技巧。

（五）观察学生在实验案例中的创新实践

观察学生是否能够在实验案例中提出新的实践方案和创新性的实验方法，是否能够及时反思并进行实验的改进和创新。

评价学生的实践和操作能力可以通过观察学生在实验中的表现、分析学生的实验数据和实验报告以及与学生进行访谈等方式来进行。这些评价可以帮助教师了解学生的实践和操作能力，在掌握了学生的实际表现情况下，可以进一步改进和优化实验案例的设计，提高学生的实践和操作能力。

四、评价学生在实验案例中的合作和交流能力

实验案例通常需要学生以小组为单位进行合作和交流，这能够培养学生的合作和交流能力。评价学生的合作和交流能力可以通过观察学生的小组合作情况、学生之间的交流和讨论等方面来展开评价。具体可以通过以下几个方面进行。

（一）观察学生在实验案例中的团队合作能力

观察学生在实验案例中是否能够积极参与团队合作，是否能够与团队成员有效沟通和协作，共同完成实验任务。

1. 观察学生在实验案例中的分歧解决能力

观察学生在实验团队中是否能够有效地解决团队内部的冲突和分歧，是否能够寻找共识和达成协议。

2. 观察学生在实验案例中的分工合作能力

观察学生在实验中是否能够合理分工，协调工作进度，有效利用各自的专长和优势，共同完成实验任务。

3. 观察学生在实验案例中的合作精神

观察学生在实验中是否能够互相帮助和支持，是否能够关心他人的需求和困难，是否能够形成良好的合作氛围。

（二）观察学生在实验案例中的沟通与交流能力

观察学生在实验过程中能否清楚地表达自己的看法和想法，能否吸取他人的观点，能不能理解他人的观点，能不能有效地与他人交流和讨论。

总之，评价学生的合作和交流能力，可以通过观察学生在实验中的团队合作表现、分析学生的合作日志和交流记录以及与学生进行讨论和反思等方式来进行。这些评价可以帮助教师了解学生的合作和交流能力，从而进一步培养和促进学生的合作和交流能力，提高团队的协作效率和实验案例的教学效果。

五、评价学生对实验案例的反思和总结能力

实验案例结束后，学生需要对自己的学习和实践进行反思和总结，能够培养学生的反思和总结能力。评价学生的反思和总结能力可以通过对实验结果的思考和分析、运用书面语言表述能力等方面来评价。具体可以从以下几个方面进行。

（一）观察学生对实验的反思

观察学生在实验完成后是否能够进行反思和总结，引导学生分析实验过程中的问题和困难，找出改进和优化的方向。

（二）观察学生对实验结果的分析

观察学生是否能够对实验结果进行合理的解释和分析，是否能够从实验数据中得出合理的结论，并引导学生进行进一步的思考和讨论。

（三）检查学生的实验报告

检查学生在实验报告中是否能够清晰地陈述实验目的、方法和结果，是否能够对实验过程进行准确地描述和分析，并能提出相应的结论和建议。

（四）观察学生的学习小结

观察学生是否能将实验所学知识和技能与其他相关知识融会贯通，形成事半功倍的学习成果，并在实验中将实验所学知识和技能内化为全面的学习成果。

（五）观察学生的自主学习能力

观察学生是否能够主动进行学习、自觉地提出问题、寻找资源和策略来解决问题，并能够对学习过程进行总结和反思。

总而言之，评价学生的反思和总结能力可以通过分析学生的实验报告、反思和总结文稿以及与学生进行讨论和面谈等方式来进行。这些评价可以帮助教师了解学生的反思和总结水平，从而进一步引导和培养学生的反思和总结能力，提高学生的学习成效和实验案例的教学效果。通过对以上方面评价，可以全面了解新课标视域下高中地理学科创新实验案例的教学效果，并为实验案例的优化和改进提供有针对性的建议。

第二节　实验案例的教学问题与改进策略

一、实验案例的教学问题及改进策略

（一）实验案例的教学问题

新课标视域下高中地理学科实验案例的教学主要表现有以下几个方面的问题。

（1）实验案例与课程内容的联系不紧密，学生难以将实验案例与地理学科的知识构架相结合。难以通过实验案例达到让学生掌握、理解地理学科知识的目的。

（2）实验案例缺乏地理学科的特色，仅停留在实验操作层面，缺乏对地理学科概念和原理的深入理解。

（3）以往实验案例设计操作过程不够严谨，导致实验结论缺乏严谨性，难以激发学生兴趣及主动学习的积极性。

（二）教学问题的改进策略

面对上述的问题，我们一般可采取以下几个方面的改进策略。

（1）确定实验案例的目标和意义，明确与地理学科的联系。例如，通过实验案例来解答某一地理问题、验证某一地理理论，或者探索某一地理现象的原因等。比如，具体可以设计光在水或玻璃中的折射现象的实验，帮助学生理解大气中彩虹现象形成的原因。

（2）将实验案例融入地理学科的教学内容中，确保实验案例与课程内容的衔接性。例如，在海水的性质教学中引入实验案例，验证海水盐度与密度、温度、浮力之间的关系。在这个实验开始前，介绍实验的目的和背景，以及与课程关联的内容。

（3）加强实验案例的设计和分析能力，引导学生进行实验数据的收集、整理和分析，从而深化对地理学科概念和原理的理解。例如，关于土壤有机质、含水率的实验就要求学生通过实验数据来做出推断、总结实验结果，或者设计进一步的实验来验证结论。

（4）以充足的资源和材料支持鼓励学生自主学习、探索。例如，关于大气热力环流的实验，教师可提供相关阅读材料、实验指导手册、实验设备和仪器等，让学生能够在实验中充分发挥自己的创造力和想象力。

（5）设计多样化的实验案例，增加实验的难度和挑战性，激发学生的兴趣和求知欲。例如，可以设计一些复杂的实验案例，让学生在实验中面对各种问题和困难的情况下，通过自主思考和合作解决问题。

（6）定期评析反思实验案例，收集学生的反馈意见，使实验案例设计精益求精，不断优化。例如，通过问卷调查、小组讨论、撰写小论文等方式，了解学生对实验案例的理解程度、实验过程的难易程度，以及对实验案例的改进建议等。

以上就是常见的高中地理学科实验案例教学问题，具体情况教师需要根据实际教学情况进行分析和解决。通过改进实验案例教学中出现的问题，达到增强教学效果的目的，促使学生学有所成，学有所获。

二、实验案例的目的、意义、严谨性问题改进策略

在新课标视域下高中地理学科实验案例的教学中，可能会面临以下一些问题，针对这些问题，可采取相应的改进策略。

（一）实验目的和意义不明确的问题及对策

有时学生可能对实验的目的和意义理解不清楚，导致学生在实验的推进中缺乏动力和兴趣。改进策略可以是在教学前先引导学生明确实验目的和意义，将实验案例与相关地理概念和知识联系起来，提供具体实例和应用场景。为了解决这一问题，一般可以采取以下改进策略。

1. 清晰地表达实验目的和意义

在教学中，明确说明实验的目的和意义，让学生清楚他们将通过实验学习到什么地理知识和技能，以及这些知识和技能在实际生活中的应用。学生的兴趣和好奇心可以用具体的事例或故事来唤起，这样学习的动力才可以被激发出来。

2. 引导学生思考问题、解决问题

鼓励学生在实验开始前，预测实验可能会出现什么结果。这是一个很好的教学思路，可以提出一些引导性的问题，促使学生自己去思考，自己去解决问题。这样做既能激发学生的主动性和探究欲，也使学生对实验的目的、意义有更多关注。

3. 帮助学生构建知识的关联性

将实验目的和意义与学生已经学过的知识和技能相联系，让学生明白实验是学习

地理知识和理解地理现象的一个重要方式。可以通过对实验与地理学科内容的相关性进行架构、讲解和讨论，帮助学生认识到实验的重要性，并激发他们的学习兴趣。

4. 强化实验结果的解读和分析

在实验结束后，对实验结果进行解读和分析，让学生理解实验结果背后的原理和规律。通过与地理理论的对比和联系，让学生深入理解实验的目的和意义，并将实验结果与实际应用进行联系，增强学生对实验的认知和理解。

通过上述改进策略，提高了学生的学习兴趣和参与度，使实验教学效果得到提高，可以引导、帮助学生更好地理解实验的目的和意义。

（二）实验设计不够严谨，缺乏挑战性的问题及对策

过于简单或复杂的实验设计有时可能会出现学生很难理解，也很难完成实验的问题。可以结合学生的学习能力和实际情况进行改进，设计具有一定挑战性的实验，既能发展学生的实验技能，又能够巩固和扩展地理知识。实验设计不够严谨和缺乏挑战性可能会导致学生对实验缺乏兴趣和动力，无法真正提升他们的实验技能和解决问题的能力。为了解决这个问题，可以采取以下改进策略。

1. 明确设计要探究的问题

保证实验设计中有明确的探究问题，既能激发学生的思考欲和探究欲，也能考查学生的探索能力和创新能力。研究问题可以涉及地理学科中的热点和难点问题，让学生能够在实验中进行深入思考和探索。具体可以从以下方面进行。

（1）设计有挑战性的实验步骤　为了增加实验难度，可以设计一些复杂的操作步骤或需要较高实验技巧的实验操作。让学生在实验中面临更多的挑战，激发他们的兴趣和动力。

（2）引入实际场景和数据　为了提高实验的实践性，可以引入真实的地理场景和数据。例如，可以使用实际地图数据或气象数据来进行实验，让学生能够更好地理解地理现象和问题，同时增加实验的挑战性和真实性。

（3）引导学生进行实验设计　在一些实验案例中，教师可以培养学生的自主性，由学生自己设计实验步骤、方法等，在这个过程中教师可以完全放手并加以适当引导，可以培养学生的实验设计和解决问题的能力，同时增加实验的挑战性和学习的深度。

（4）提供充足的资源和指导　要为学生提供充足的实验资源和指导，确保实验的严谨性，包括实验手册、实验操作录像等。这样可以帮助学生更好地理解实验的目的和步骤，提高实验的严谨性和学习的有效性。

（三）实验数据处理和分析能力不足的问题及对策

学生在实验数据处理和分析方面可能存在困难，无法准确地解读和应用实验结果。可以通过在实验前增加数据处理和分析的教学，提供实验数据的解读和分析模板，引导学生进行实验结果的讨论和理解。实验数据处理和分析能力不足，可能会影响学生对实验结果的理解和归纳总结能力。为了解决这个问题，一般可以采取以下改进策略。

1. 指导学生对实验材料进行整理和加工

在设计实验时，可指导学生对实验材料进行整理和加工。例如，学生可以使用图表或其他统计工具来可视化呈现实验数据，并进行有效的数据分析。同时能提供相关资料和分析方法的指导，使学生掌握资料处理和分析的基本技能。

2. 强调实验材料的质量和实验数据的准确性

要求学生注重对实验材料质量、完备性的评估，以备实验过程中使用。实验后要对实验数据的准确性进行评价。例如，提醒学生进行数据记录时要仔细、准确，并及时纠正可能的误差。同时，可以引导学生分析实验数据的可靠性和相关性，以便帮助他们更好地理解数据的含义和结论。

3. 提供实验数据分析的案例

为了帮助学生理解实验数据分析的方法和步骤，可以提供一些实际的案例。这些案例可以涉及地理学科中的典型实验，以及相关领域的研究成果。通过分析这些案例，学生可以学到基本原理、基本方法。

4. 鼓励学生探讨分析交流实验资料

实验结束后，可组织学生研讨分析交流实验资料。鼓励学生分享自己的分析思路和结论，并相互交流和讨论，从而促进学生的合作学习、激发强烈的思维碰撞等。在这一过程中也提高了对实验资料和数据的分析能力。

5. 设计项目型实验

为了提高学生对实验数据的处理和分析能力，教师可以设计一些项目型实验。在项目型实验中，学生需要自主收集实验数据，并进行系统的数据处理和分析。这样做对学生的独立思考能力、解决问题能力、资料处理能力等方面都有所锻炼。

（四）实验设备和材料的限制问题及对策

由于实验设备和材料的限制，不能准确地进行实验，有时会影响实验结果。为此，改进策略可以是寻找替代的实验设备和材料，或者通过虚拟实验等方式来进行实验，确保学生能够有较好的实验体验和学习效果。实验设备和材料限制可能会限制学生实验的能力和实验结果的准确性。为了解决这个问题，一般可以采取以下改进策略。

1. 制订合理的实验设计

在实验设计中，应充分考虑实验设备和材料的限制，制订合理的实验方案。可以选择那些不依赖于大量实验设备和材料的实验，选择实验材料简单易得的或者通过简化实验步骤和方法，来满足实验设备和材料的限制。

2. 充分利用现有资源和材料

在实验教学中，学校已有的资源和材料可以得到充分利用。例如，可以使用实验室中已有的设备和器材，或者利用学校周边的自然环境和地理景观进行实地考察和观察。这样可以减少对特殊实验设备和材料的依赖，同时也能让学生更好地理解地理学科与实际生活的关联。

3. 引导学生开展模拟实验

在实验设备和材料有限的现实情况下，可以引导学生开展模拟实验。通过设计简化的实验装置或使用模型来模拟实际的实验过程，让学生进行观察、记录和分析。这就很好地弥补了实验设备、材料的限制，让学生在模拟实验获得实验数据的同时，还能获得实践经验，提高学生的实践能力。

4. 利用信息技术手段进行虚拟实验

现代信息技术发展可谓日新月异。因此，借助信息技术的发展，可以利用虚拟实验软件和互联网资源进行实验教学。学生通过使用虚拟实验软件，模拟实验过程，进行数据分析，可以在电脑上进行实验操作和资料记录。同时，可以利用互联网提供实验视频、实验数据和实验案例，让学生通过观看和分析他人的实验过程和结果，来提高实验能力。

5. 鼓励学生进行实验课题探究

为了培养学生的综合实践能力，可充分发挥学生的主动性和创造性，鼓励学生进行实验课题探究。学生可自主选择实验题目和方案，根据现有的实验设备、材料，进行实验设计和操作。通过开展实验探究项目来增强学生的实验设计能力、实验操作能力和解决实际问题的能力。

（五）学生地理实验安全意识和实践能力不足的问题及对策

地理实验中存在一些潜在的安全风险，可能对学生的安全构成一定风险，如野外实地考察或实验室实验。改进的策略是在实验前进行安全指导和实践技能的培养，提供必要的安全设施和指导，确保学生的安全意识和实践能力得到提高。学生的安全意识和实践能力不足可能会导致实验过程中发生安全事故或无法正确操作实验设备。为了解决关乎学生安全的问题，一般可以采取以下改进策略。

1. 教师强化安全教育和培训

在进行实验教学前，教师要对学生进行必要的安全教育和培训，包括实验室安全规则、实验操作的注意事项以及急救知识等的教育和培训。学校也可以请专业人士或专业实验老师来做安全教育方面的讲座，让学生在安全意识方面有所提高。

2. 学校应建立安全管理体系

学校应建立完善的实验室安全管理体系，明确实验室使用规则，制定实验室安全操作手册，配备专门负责安全管理的教师或实验室管理员，确保学生在实验前了解实验室安全规定，遵守规则，保障自身和他人的安全。

3. 教师为学生提供实验操作指导

教师在实验教学中，应为学生提供包括正确使用实验器材、规范的操作步骤及注意事项等，要对学生进行详细的实验操作指导。教师可以使用实验演示、可视化图表和视频等多媒体手段进行操作示范，便于让学生清楚了解实验过程，提高实践能力。

4. 教师鼓励学生积极参与实验设计

在实验教学中，教师鼓励学生参与实验设计过程，让他们了解实验的目的、原理和方法，并要求他们在实验前进行必要的资料搜集和思考。通过参与实验设计，学生可以加深对实验的理解，提高实践能力，使他们有参与感和获得感，并且在实验过程中自觉注重安全。

5. 实验室安全检查评价常态化

学校、教师要经常性开展实验室安全检查评价，要做到常检查，及时发现问题、及时整改。此外，学校可以邀请相关部门或专业人员进行安全检查和指导，以确保实验设备和实验环境的安全性。

6. 鼓励学生参加安全实践活动

学校可以组织学生参加安全实践活动，例如，消防演习、应急安全疏散演练等，增强学生的安全意识和应对突发事件的能力。同时，学校还可以开展安全知识竞赛、安全经验分享等活动，增强学生对实验安全的关注和重视。鼓励学生参与到安全实践活动中来，可以增强学生的安全意识和动手能力。以下是一些具体的措施。

（1）田野调查中的安全教育　组织学生进行实地调查是提高地理学科实践能力的重要手段之一。在实地考察中，学生需要了解和遵守相关的安全规定和操作规程，同时还需要学会应对不同环境和天气条件下的安全问题。教师可以提前进行安全指导，指出可能存在的风险和应对措施，并在实地考察过程中进行安全监督和引导。

（2）组织学生开展模拟演练　模拟演练是一种有效的安全实践活动，可以让学生在模拟的条件下学习和掌握应对突发事件的方法和技巧。例如，组织学生参加火灾逃生演练、道路交通安全演练等，让学生体验安全事故发生时的紧张和应对措施，提高其应对突发事件的能力。

（3）组织学生开展安全知识培训　定期对学生进行安全意识、操作能力等方面的安全知识培训。可以邀请专业人员或相关部门进行安全知识讲座，让学生了解各类安全事故的原因、预防措施和应急处理方法。教师还可以通过课堂讲解、小组讨论等方式，引导学生掌握基本的安全知识和技能。

（4）学校要为学生开设安全实践课　学校专门开设安全实践课，供学生学习和应用。这样的课程可以包括学生参与安全演练、制订应急预案、学习急救知识等内容，培养学生的安全意识和实践能力。

（5）建立安全实践社团或小组　学校可以成立安全实践社团或小组，邀请有专业安全知识和经验的教师担任指导老师，组织学生开展安全实践活动。通过组织安全知识竞赛、编写安全宣传材料、参与社区安全活动等，进一步培养学生的安全意识和实践能力。因此，通过鼓励学生参加安全实践活动，可以增强学生的安全意识和实践能力，从而保障他们在地理学科实验中的安全。

（六）实验案例与课程内容衔接不够紧密的问题及对策

选取的实验案例可能与课程内容存在衔接不够紧密，不能有效地帮助学生理解和运用地理概念和地理知识的问题。改进策略：在实验案例设计中注重加强与课程内容的衔接联系，将实验案例与相关地理知识进行整合，提供更有针对性的实验教学。

第三节　地理学科实验案例的可推广性与应用前景

新课标视域下高中地理学科在创新教学方法和提高学生地理学科素养方面具有非常重要的地理意义。通过多个实验案例，将理论与实践相结合，让学生在探究和创新的过程中学习地理知识，提高地理技能。下面对实验案例的可推广性及应用前景进行分析。

一、新课标视域下高中地理学科实验案例的可推广性

本书所提供的实验案例都是基于高中地理学科的核心素养和教学目标设计的，因此，对于广大高中地理教师来说，这些案例具有较高的可操作性。实验案例注重创新性和实践性，可以在一定程度上激发学生的学习热情和探究精神，有助于提高地理教学质量。

实验案例的可推广性与应用前景是指实验案例在其他学校、其他地区以及其他学科中的适用性和可操作性。首先，实验案例的可推广性体现在其是否可以适用于其他学校和地区的教学环境。对于地理学科来说，实验案例的可推广性取决于实验内容是否与学生所处地区的地理特点相关。如果实验案例是以地区特色为基础设计的，那么在相似地理条件下的其他学校和地区可能会很容易推广。例如，如果实验案例是针对当地水资源的使用与管理进行的，那么其他具有相似水资源问题的地区也可以借鉴这一实验案例。

二、地理学科实验案例的应用前景

通过探索和实践我们发现新课标视域下高中地理学科实验案例的应用前景主要表现在以下几个方面。

（一）能够促进学生转变学习方式

实验案例通常强调学生的实践操作和解决问题的能力培养，与传统的课堂教学相

比，更注重学生的主动参与和探究学习。通过运用实验案例，激发学生学习兴趣，培养学生动手、创新的能力。例如，在地理学科中，通过实地调查和实验活动，学生可以更深入地了解地理概念和地理现象，提高他们的观察、分析和解决问题的能力。

总的来说，实验案例的可推广性和应用前景取决于实验内容的相关性和实验方法的有效性。对于地理学科而言，实验案例的可推广性和应用前景可能会因为地理学科的特点而受到限制。但要想促进学生转变学习方式，提高学习效果和兴趣，则可以通过合理的设计和有效的实施来实现。因此，教育机构和地理学科的教师可以通过对实验案例的研究和开发，推动地理教育的创新和改进。学生可以通过实验案例较好地理解地理知识，提高地理技能，从而很好地培养他们的创新精神和动手能力。

（二）能够帮助教师提高教学水平

实验案例能为教师提高教学水平、提升教学效果提供较大的帮助，是教师提高教学水平新的教学方法和途径。实验案例可推广性与应用前景对教师的帮助主要体现在以下几个方面。

1. 提供教学资源

实验案例通常包括教学方案、实验指导书、实验器材等完整的教学资源。这些资源可以帮助教师充分准备教学，为学生提供更具体、生动和实践性强的教学内容，从而提升教学质量。

2. 激发教师的创新思维

实验案例的设计和实施需要教师具备创新思维和教学设计能力。教师在使用实验案例的过程中，需要根据教学目标和学生的实际需要进行适当的调整，要有新意。这可以帮助教师培养创新意识和能力，并促进其在实验教学中使用不同教学方法和策略。

3. 促进教师教学反思

教师需要不断地进行教学反思，并在实验案例的实施过程中不断地对教学进行评价。教师能及时调整教学策略，通过观察学生的参与情况，分析学生的学习成果并及时反馈意见，提高教学效果。这有助于教师不断反思、改进教学，促进教学水平的提高。

（三）增强教师的专业发展

在实验案例的推广和应用方面不仅限于地理学科，还可以在其他学科中应用。教师通过学习和使用实验案例，可以扩展自己的教学视野，了解其他学科的教学方法和策略，进一步提升自己的专业发展水平。总的来说，实验案例推广与应用对教师的帮助主要体现在提供教学资源、激发创新思维、促进教学反思和增强专业发展等方面。通过实验案例的操作，教师可以提升自己的教学水平，提供更优质的教学服务。

（四）推动地理学科的发展

创新实验教学方法符合当前地理学科发展的趋势，可以为地理学科的持续发展提供有力支持。实验案例的可推广与应用对于帮助教师提升地理学科教学水平和推动地理学科的发展具有重要意义。首先，实验案例的推广可以帮助教师在不同的教学环境中应用，并且可以在其他学校、其他地区进行推广。通过实验案例的推广，教师可以借鉴其他地区的教学实践经验，丰富自己的教学内容和方法，提高教学的灵活性和适应性。这一举措可以帮助教师更好地适应学生的学习需求，推动教师提高自身的教学水平。其次，实验案例的应用可以促使教师转变传统的教学方式，采用更具探究性和实践性的教学方法。通过运用实验案例激发学生的学习兴趣，引导学生进行实地调查、实验活动和问题解决，让学生参与和体验地理学科的知识与技能，提高他们学习的积极性和主动性。这样在提高教学效果同时也能提高学生的学习成绩，培养学生动手能力和创新能力。最后，实验案例的推广性与应用可以推动地理学科的发展。通过研究和运用实验案例，促进地理学科教学的创新和提高。教师可以通过实验案例的设计和实施，丰富地理学科的教学内容，提高教学质量。同时，实验案例的推广和应用也可以促进地理学科教学研究的深入，促使地理学科教学理论和方法的不断更新和完善。总之，教师可以通过实验案例的研究和应用，丰富教学内容、改进教学方法，提高学生的学习效果和兴趣，推动地理学科的创新和发展。

（五）开展跨学科教学探索

设计的实验案例可以与其他学科的知识相互融合借鉴。例如，可以将地理实验案例与生物学、化学或物理学等学科结合，进行跨学科的教学探索，丰富学生的知识视野。地理学科与其他学科的整合，可以使学生在提高学习效果和兴趣的同时，对地理知识的理解和应用更加全面和深入。

1. 跨物理、数学、环境科学等学科进行综合教学

通过实验案例的设计和实施，可以让学生在解决地理问题的过程中，运用物理科学方法进行观察、实验和数据分析。同时，学生还可以进行资料加工，利用数学知识

建立模型。同时增加环境学科的案例。这种多学科交叉的教学融合，能够强化学生对地理等相关学科的理解，使学生的综合能力得到提高。

2. 跨社会学、经济学、政治学等社会学科交叉教学

实验案例可与社会学、经济学、政治学等社会学科交叉进行教学整合。通过实验案例的设计和实施，可以让学生在地理问题的解决过程中，了解不同地区的社会、经济和政治背景，分析地理现象背后的社会因素和经济影响。这种跨学科的教学融合可以帮助学生更全面地理解地理现象的综合性和复杂性，提高学生的综合分析和判断能力。

3. 应用信息技术、地理信息系统（GIS）等进行跨学科的教学融合

通过实验案例的设计和实施，可以引导学生运用信息技术和 GIS 技术进行地理数据采集、处理和可视化展示。学生可以进行空间分析，根据地理资料利用系统软件制作地图。这种跨学科的融合教学可以提高学生的信息技术素养和地理信息系统应用能力，培养学生的创新思维和解决问题的能力。

总之，实验案例的可推广性与应用前景在跨学科教学中是非常有意义的。通过与其他学科的融合，实验案例可以提高学生的综合能力、信息技术素养和社会学科的认知，促进学生综合应用地理知识解决问题的能力。这种多学科交叉的教学融合，可以丰富地理学科的教学内容和教学方式，同时，学生的学习兴趣和学习成果也得到相应的提升。

（六）创新教学方法应用

在新课标视域下高中地理学科实验案例的可推广性与应用前景中，创新教学方法的应用可以进一步提升学生的学习效果和兴趣。

1. 问题驱动教学方法

通过提出富有挑战性和启发性的问题，唤起学生对问题的思考和探究。学生通过实施、分析实验案例，循序渐进地解决问题，从而培养学生独立学习、独立探究的能力。

2. 协同教学方法

通过组织参与人员开展小组合作，使参与人员互相配合，取长补短，各得其所。同学们可以共同制订实验方案，共同分工，共同分析问题，共同研究解决方案。这样可以培养学生的团队协作和沟通能力。

3. 案例教学方法

学生可以通过实际案例的介绍，在实践中学习和运用地理知识。学生可以通过实验案例的实施和分析，了解真实环境中的地理问题，培养学生的实际应用能力。

4. 多媒体教学方法

通过利用多媒体教具、模拟软件和地理信息系统等教学工具，增强学生的学习体验和情感投入。学生可以通过多媒体教学工具进行虚拟实验、地理数据的可视化展示，提高学生的学习兴趣和学习效果。

总之，创新教学方法的应用可以进一步提升实验案例的可推广性与应用前景。实验案例中采用的探究式学习、实践活动等创新教学方法，通过问题驱动、合作学习、案例教学、多媒体教学等方法，若在日常地理教学中得到推广应用，定能激发学生学习的主动性，培养学生的合作能力，提高学生的实际应用能力，增强学生的学习体验。这些方法对培养学生探索精神、创新能力、学习兴趣和参与意识都有很大的促进作用。教学方法的转变促进了教学效果的提升，这也有效地提升实验案例推广应用的效果。

（七）参与社区实践与社会服务

实验案例中部分涉及地理实地调查和社会调查，可以与社区实践和社会服务结合起来。学生可以通过实地调查和社会调查，了解社区的自然环境和社会问题，并提出解决方案，发挥地理学科在解决实际问题中的作用。社区实践与社会服务是新课标视域下促进学生动手能力培养和社会责任感培养的一种创新教学方法，也是高中地理学科实验案例的推广和实践中的应用。首先，地理理论知识与实际问题相结合，社区实践与社会服务两方面的内容对学生的学习都能起到一定的帮助作用。学生通过参加社区实践活动，走进社区，了解社区地理环境、人文特色和社会需求，并结合所学地理知识发现问题，提出解决方案并论证可行性，将理论知识转化为实际应用能力。其次，社区实践和社会服务可以培养学生的社会责任意识和团队合作能力。学生通过参与社区服务活动及团队合作共同制订解决方案和实施方案，培养学生的社会责任感和团队协作能力，从而对社区需要解决的社会问题和地理问题有深入的了解，学生的社会责任感和团队协作能力得到很好的发展。再次，社区实践和社会化服务可以增强学生动手能力和创新能力。学生通过实际操作、解决实际问题的过程，可以在实践中积累经验，增强动手能力。同时，还可以通过社区实践、社会服务等方式，鼓励学生提出创新的解决办法，激发学生的创新意识和创新能力。最后，社区实践和社会服务还能促进学生综合素养的提高。通过参与社区实践活动，学生可以全面发展各个方面的素养，包括地理知识的掌握、实践能力的培养、创新能力的提升以及社会责任感的培养，从而提高学生的综合素养水平。

总之，社区实践与社会服务是一种创新的教学方法，在新课标视域下高中地理学科实验案例在推广和应用方面具有广阔的拓展空间。它可以培养学生的动手能力、社会责任感、团队合作能力和创新能力，提高学生的综合素养水平。

（八）教育资源的开发与共享

对实验案例中的教学资源进行整理和开发，形成教学资料和教学软件等，供其他学校和教师使用。地理教学质量和效果的提高，可以通过教育资源的共享来促进。在新课标视域下，高中地理学科创新实验探索与案例的可推广性与应用前景中，教育资源的开发与共享是一种重要的推广途径，它可以提高实验案例的可持续发展和推广应用的效果。首先，教育资源的开发与共享可以促进实验案例的不断更新与丰富。通过教师和学者的共同努力，可以开发和制作适用于地理学科的实验案例教材、课件、实验设备等教育资源，并将其进行共享。这样，可以不断丰富实验案例的内容和形式，满足不同教学需求，提高教学质量。其次，教育资源的开发与共享，可以加强对教师队伍的训练与提升。通过共享教育资源，可以让更多的教师接触到先进的实验案例教学方法和教育资源，提高他们的教学水平和实践能力。同时，教育资源还可以帮助教师进行教学评估和教学反思，促进教师的专业发展和成长。再次，教育资源的开发与共享可以促进地理学科教学的国际合作与跨学科融合。引进国外先进的实验案例教学方法和资源，通过共享教育资源，丰富地理学科的教学内容和教学方式，提高教学的国际合作水平。共享教育资源还能促进地理学科与其他学科相互融合，提高学生综合素质。最后，教育资源的开发与共享可以提高实验案例的推广应用效果。通过共享教育资源，可以让更多的学校和教师使用先进的实验案例教学资源，提高地理学科的教学效果。同时，共享的教育资源还可以促进教学研究和经验交流，加强实验案例的改进和优化，提高推广应用的效果。

总之，教育资源的开发与共享是推广实验案例的重要途径，在新课标视域下高中地理学科创新实验探索与案例的可推广性与应用前景中具有重要意义。通过开发和共享教育资源，可以丰富实验案例的内容和形式，提高教学质量，促进师资队伍的培养和提升，推动地理学科教学的国际合作与跨学科融合，提高实验案例的推广应用效果。创新性实验教学方法和案例具有较高的可推广性和应用前景，对提高学生地理学科素养，促进教师专业发展具有重要意义。同时，也还需要进一步研究和实践来不断完善和丰富这些实验案例，使其更好地满足不同学校和学生的需求。

第四章　结论与展望

作为地理学科教师能够明确实验教学对促进学生地理学科素养的提高具有积极、有效的促进作用。通过实验教学，学生能够亲身参与实践，培养他们的动手能力和实践能力，同时也能够培养他们观察、操作、分析和解决问题的能力。创新实验案例能够丰富地理学科的教学内容和形式，提高学生的学习兴趣和参与度。创新实验案例注重对学生解决问题、创新、协作能力的培养，注重对学生科学思维、科学探究精神的培养，促进了学生的综合能力培养。创新实验案例的设计与实施，对地理学科教师的专业素养与教学创新能力的培养和提升也是不可或缺的。作为地理学科教师需要有丰富的地理学科知识和实验技能，还需要有教学创新的意识和能力。提高教学创新的效果可以通过各种教学资源和手段的灵活运用实现。

展望未来，要进一步探究创新实验案例的设计和实施方法。在今后的探索研究中，可进一步研究如何设计和实施适合高中地理学科的创新性实验案例，如何提高实验教学的效果和效率，如何对实验教学效果进行评价和改进等课题。在教学科研、实验教学等方面还需进一步加大改革力度，可加强与教育机构、教育科技公司的合作，在新课标视域下，共同开发制作适合高中地理学科的教育资源，如实验案例教材、课件、实验器材等，实现资源的共享，这样创新实验案例的开发和教育资源的共享将得到深入推进。未来可以开展实验教学的教学研究和教学改革，探索实验教学在高中地理学科教学中的作用和效果，推动实验教学的改革和创新。其中建立与质量监测机制相配套的实验教学评价体系是十分必要的。对实验教学的效果和质量进行评价和监测，以提高实验教学质量和效果。

第一节 研究结论

通过对新课标视域下高中地理学科创新实验探索与案例的研究，笔者们作如下的研究结论。

一、实验教学对于学生提高地理学科素养发挥了积极有效的作用

通过参与实例研究，培养学生的思维能力和动手能力，与此同时学生的观察能力、实验能力、分析能力和解决问题的能力也得到提高。通过实验教学，学生能够亲自动手进行实践操作，增强了他们对地理学科知识的理解和应用能力。实验教学使学生能够通过观察、操作和分析等方式，深入了解地理现象和规律，培养其观察力、实验能力和分析能力，以及综合思维能力。同时实验教学还可以提高学生地理学科素养、激发学习兴趣、增强学习动力。实验教学在提高学生地理学科素养方面发挥了积极有效的作用，具体表现在以下几个方面。

（一）加深学生对基础地理知识的理解

学生通过实际操作，进一步加深对地理基础知识的理解，可以对地理现象、地理规律获得切身的感受。实验教学能够让学生更直观地理解抽象的地理概念和理论，提高他们的学习效果和成绩。例如，海水按照成因分为密度流、风海流和补偿流，可以通过模拟实验来让学生获得直观的认识，这对他们掌握地理基础知识大有裨益。

（二）培养学生动手能力和解决问题的能力

实验教学具有较强的功能，体现在培养学生的动手能力和解决问题的能力。学生在实验中需要观察、分析和解决问题，在这个过程中可以培养学生的科学思考能力和动手能力，使学生解决现实问题的能力得到提高。

（三）提高学生学习的动力和兴趣

实验教学能够激发学生的学习兴趣，增强学生学习动力。学生通过参与实验的实践操作，解决实验中的地理问题，能更加主动和积极地参与到地理学科的学习中，提高了他们的学习效果和学习兴趣。

（四）增强学生创新与合作能力的培养

实验教学注重培养学生的创新与合作能力。在实验中需要学生自己思考、不断摸索，锻炼学生的创新能力；同时也需要和其他同学们在实验的过程中进行协作交流，培养交流和相互合作的能力。

综上所述，实验教学能够促进学生对地理知识的理解和运用，在培养学生创新能力和合作能力的同时，提升学生地理学科素养，对提高学生的学习动力和学习兴趣起到了积极有效的促进作用。

二、创新实验案例能够丰富学科的日常教学内容

创新实验案例可以丰富地理学科的教学内容，可为学生提供更多的实践机会和学习资源，激发学生的学习兴趣和积极性。下面提供的创新实验案例在丰富地理学科教学内容方面起到非常重要的作用。

（一）组织学生开展气象观测实验

学生可以利用校园气象站的气象仪器对温度、湿度、风速等气象要素进行观测，收集资料并进行分析，能够得出较科学的结论。这样的实验可以让学生亲身体验并理解气象变化和气候形成的原理，提高他们对气候和天气的认识。例如，对鱼鳞云的观测来学习大气中的物理光学知识，拓宽学生的知识视野。

（二）组织学生开展地质演化的模拟实验

学生对不同地质过程，可利用沉积物、岩石以及模拟地质过程的实验设备进行分析，如地壳运动、地震、火山喷发等。通过这样的实验，学生可以更加深刻地理解地质的演变原理，了解地貌的形成过程，加深对地理过程性问题的全面认识。例如，开展地质构造背斜和向斜形成过程的模拟实验。

（三）组织学生开展水资源管理实验

学生可以通过设置不同的水资源管理方案，进行模拟实验，观察和分析不同管理措施对水资源的影响。这样的实验可以帮助学生理解水资源的重要性和可持续利用的原则，培养节约意识和资源管理能力。例如，通过模拟实验让学生理解给土壤灌溉和给植物灌溉的差异探讨现代节水农业的发展对水资源管理的影响。

（四）组织学生开展生态系统恢复实验

学生可以设计和实施生态系统恢复实验，比如在受污染的土壤中引入适宜的植物进行植被恢复，观察和分析土壤恢复效果。这样的实验可以让学生了解生态系统的稳定性和恢复能力，尤其能加强他们理解环境对污染物的容纳、分解、清除能力，培养他们的环境保护意识和生态恢复技术的应用能力。

总之，通过以上的创新实验案例能够丰富地理学科教学内容，提供更多的实践机会和学习资源，激发学生的学习兴趣和积极性。同时，这些实验案例还可以提高学生的动手能力、分析问题和解决问题的能力。在创新实验案例中引入新的实验内容和方法，使地理学科教学内容更加丰富，提高了学生的学习兴趣和参与度。

三、促进学生的综合素质的提高

创新实验案例对满足学生学习需求，对学生综合能力培养都有一定的促进作用，主要包括以下几个方面。

（一）锻炼学生解决地理问题的能力

鼓励学生通过创新实验案例的设计，主动提出问题，主动思考问题，通过实验解决问题。这样的实验，锻炼了学生观察问题、分析问题、解决问题的能力，学生在平时解决地理问题的时候，也能得到思维的训练和升华。

（二）锻炼学生的实践操作能力

创新实验案例通常需要学生亲自动手操作实验设备、收集数据、分析结果和解决地理问题等。这样的实际操作能力训练，能够帮助学生对理论知识有更好的理解和对实际操作技能的扎实掌握。

（三）培养学生的团队协作能力

创新实验案例，在学生分工合作、讨论交流、共同解决问题等思想方面，常常需要学生之间的默契协作。通过配合他人、助力他人完成实验，能够培养学生团队协作、沟通协调、集体意识等方面的能力。

（四）锻炼学生的创新思维能力，激发思维

学科教师要鼓励学生提出观点新颖、解决问题思路独特的创新实验案例。通过让学生参加创新实验，他们的创造性思维能力得到培养，创造性和逻辑思维得到激发，这有利于他们未来职业生涯的发展。

（五）培养学生综合应用能力

创新实验案例通常涉及多个学科领域的知识和技能，学生需要综合运用各种知识和技能来解决实际问题。这样的综合应用能力培养，可以让学生在学科衔接和综合素养上，有一个很好的提升。学生通过设计和实施创新实验，在实践中培养解决问题、实际操作、团队协作、创新思维、综合应用等方面的综合能力。这些能力对学生今后的学习、工作、人生意义重大。

四、教师的专业素养和教学创新能力，离不开实验案例的设计与实施

在新课标视域下学科教师除转变教学观念外，专业素养和教学创新能力的提升，也离不开教学实验案例的设计与实施。以下针对这一问题展开进一步叙述。

（一）符合教师职业素养的要求

实验案例的设计与实施，要求教师具备扎实的学科知识并了解地理学科核心概念、原理和方法的教育教学理论。只有具备良好的专业素养，才能在实验案例的设计过程中准确把握学科核心要点，并确保实验有效且符合教学目标。

（二）有利于教师教学创新能力的培养

教师需要具备能够根据学生的需要和特点设计具有创新性、启发性的实验案例的教学能力。通过新教法、资源和评价方法的引入，来激发学生的兴趣，激发学生学习的积极性。

（三）有利于教师实验技能的培养

实验案例的设计与实施，需要教师具备丰富的实验技能，熟悉实验设备的使用和操作，并能有效地组织学生进行实验。教师也必须具备实验安全意识，在实验过程中保障学生安全，做好风险监控和预防。

（四）有利于培养教师的教学反思能力

教师要有反思和评价教学实践的能力，及时总结经验和教训，不断完善实验案例的设计和实施。教师可以通过不断反思，提高实验案例的质量和效果，使实验案例的实施确实对学生的知识理解能力有所帮助。

（五）有利于打通教师跨学科协作壁垒

实验案例的设计和实施通常涉及多个学科领域的知识和技能，教师应具有跨学科协作能力，积极与其他学科的教师合作，共同设计和实施综合性实验案例，例如，在验证海水温度与盐度关系的实验中，可以和物理学科教师合作，开展跨学科教研活动，设计科学的探究实验。

总之，进行实验案例的设计与实施，对提升教师的专业素养与教学创新能力必不可少。只有具备扎实的学科知识、创新的教学思维和实践技能，教师才能真正挖掘实验案例的教育价值，提高学生的学习效果和综合能力。教师需要具备丰富的地理学科知识和实验技能，同时也需要具备创新的教学意识和能力，以提高教学效果。

五、探究创新实验案例的设计和实施方法

地理学科教研者可以进一步探究如何设计和开发适合高中地理学科的创新实验案例，以提高实验教学的效果和效率，并设计相应的评价和改进方法。下面是创新实验案例设计和实施的一些方法和步骤。

（一）明确目的，确定教学目标，适应学生需求

明确实验案例的教学目标，希望学生通过实验案例获得知识和技能。教学目标要与学科教学的课程目标要求相匹配，与学生的学习需要相适应，两者缺一不可。

（二）综合考量，选准实验课题，唤醒学生好奇心

根据教学目标，结合学生兴趣，选择适合他们的实验课题。实验课题内容选择要能唤起学生的兴趣和好奇心，要紧密联系学科知识的核心概念、原理等。

（三）精准设计实验步骤和流程

根据实验课题和教学目标，设计科学的实验步骤和流程。要确保实验步骤具有逻辑性和实用性，这样在实验的过程中学生就可以系统地进行实验、收集数据和分析实验结论，最终解决实际的地理问题。

（四）准备实验材料和设备

根据实验步骤和流程，准备所需的、简单易得的实验材料和设备。要保证实验材料、设备能够正常运转和确保实验环境安全等。

（五）教师细心指导学生实验

在实验开始前，明确实验目的，指导学生做好安全防范措施。在实验过程中，指导学生根据实验的步骤和过程，回答教师提出的问题，启迪学生思考，探究提出的地理问题。

（六）精心指导学生分析和评价实验结果

教师应帮助和引导学生分析实验结果，理解实验数据和实验现象的意义，并从中得出实验结论。这有利于促进学生思考和激发学生思维创新，激励他们对实验结论进行评价和相互讨论。

（七）严格按照实验流程结束实验和总结教学

在实验结束时，帮助学生总结实验过程和结果，回顾和巩固所学的地理知识和技能，并引导学生撰写实验反思报告。与学生一起反思实验的优点和需要改进之处，为下一次实验案例的设计和实施做准备。

（八）课后教师要不断完善实验案例

课后教师要以教学效果为基础，以学生反馈为依据，不断完善实验案例的设计与实施。通过不断地反思和改进，提高实验案例的质量和效果，以更好地促进学生综合能力的发展。

总之，创新实验案例的设计和实施需要综合考虑教学目标、实验主题、实验步骤、实验材料和设备等因素。注重引导和激发学生的思考和探究兴趣，以培养学生的综合能力为目标，着眼于学生的学习需求和兴趣爱好。同时，教师应具备教学创新能力和实践经验，通过不断地反思和改进，提高实验案例的质量和效果。

六、学校要加强合作，推动创新实验案例的教育资源开发与共享

学校应加强与教育机构和教育技术公司的合作，共同开发和制作适用于新课标视域下高中地理学科实验案例的教材、课件、实验设备等教育资源，并实现资源的共享和共用。具体来说，可采取以下措施促进教育资源开发和创新实验案例共享。

（一）学校要建立教育资源共享平台

学校需创建一个在线平台，供学科教师共享和交流创新实验案例。这个平台可以包括实验案例的设计和说明，实验材料和设备的清单，以及学生的实验报告、小论文

和评价等内容。教师可以从平台上下载和使用其他教师分享的实验案例，也可以上传自己的实验案例供其他学科教师使用和参考。

（二）要加强学校之间的合作伙伴关系

教师工作的学校可与其他学校、教育机构、行业企业等建立合作伙伴关系，共同开发、分享创新实验案例。教育管理部门可以组织教育资源开发项目，邀请各方共同参与实验案例的设计和实施，共同分享教育资源和经验。

七、学校要加强教学研究，加大实验教学改革力度

学校加大实验教学改革力度和教学研究是一个积极的举措，旨在提高教学质量，培养学生的实践能力和创新精神。加强教学研究，加大实验教学的改革力度，以教研促教学。具体来说可采取以下措施。

（一）学校要支持教师专业发展

学校要为教师专业发展提供培训和支持，使教师具备设计和实施创新实验案例的能力，能够科学地开展创新实验案例。培训包括帮助转变学科教师教学观念，帮助学科教师更新学科知识和教学方法、案例教学的理论和实践、教育技术的运用等方面。例如，加大对学科教师开展现代互联网技术和智能教学设备应用技能培训的力度。

（二）学校要鼓励教师创新实验案例的开发

学校要鼓励教师主动开发创新实验案例且能提供相应的支持和资源。鼓励教师创新和分享实验案例，学校可设立专门的奖励机制。教师也可以从教育专业组织、学校或教育机构等获得资金和支持，用于实验材料和设备的购买，以及在教育专业组织的帮助下进行实验案例的开发和改进。

（三）组织播放示范视频和展示案例

充分利用学校的信息技术资源，制作和播放实验案例的示范视频，以帮助教师理解和掌握实验案例的设计和实施方法。可以在教育展览和研讨会上展示创新实验案例，并邀请教师进行现场演示和分享经验。通过上述措施，可以促进创新实验案例教育资源的开发和共享，提高教师的教学能力和学生的综合能力。同时也可以促进教育改革、提高教育质量和教育领域的创新发展水平。

（四）建立研究团队和研究机构

建立专门的研究团队或研究机构，致力于实验教学的研究和改革。这些团队和机构可以由教育专业组织、学校或教育机构等组建，集合教育专家和一线教师开展实验教学的相关研究。

（五）开展地理学科实验教学研究项目、课题

学校应组织和支持实验教学研究项目，鼓励教师和研究人员开展实验教学的实证研究和理论研究。这些研究项目可以深入探讨实验教学的原理、方法和效果，从而为实验教学的改革提供理论依据和实践指导。

（六）学校和教育机构组织要推动地理学科实验教学改革实践

在学校和教育机构组织开展实验教学改革实践活动，探索新的实验教学模式和方法。对于学校来说可开设实验班，教育部门可开设实验学校，以点带面进行实验教学改革，以创新和实践开展实验教学。同时，也可以通过教师培训和研讨会等方式来推广实验教学改革的经验和成果。

（七）学校和教育机构应建立地理学科实验教学评价体系

加强对实验教学科学、全方位评价，反馈实验教学过程和结果。评价体系可以包括学生的实验报告和实验表现，教师的教学设计和教学效果，以及教材和实验设备的使用情况等方面。评价结果可以用于指导实验教学的改进和优化。

（八）学校要加强地理学科实验教学资源的支持

学校要加大对实验教学资源的投入和支持，包括实验室建设以及实验设备、教材和教具的更新等。同时，学校应加大对实验教学能力和水平有待提高的教师的培养，支持其增强综合教学素养。

总之，通过上述措施，可以促进实验教学的研究和改革，提高实验教学的质量和效果，同时推动教育领域的创新和发展。

八、学校要建立完善的评价制度，建立实验教学质量监测机制

建立实验教学评价体系和质量监测机制，评价和监测实验教学的效果和质量，使实验教学质量和效果不断提高。对此，可采取以下措施。

（一）探索建立科学的评价指标和标准

地理学科教师要明确教学设计的合理性、实验操作的规范性、实验结果的准确性等实验教学的评价指标和标准。这些指标和标准应该具体明确，具有可操作性和可测量性。

（二）定期开展实验教学评比活动

学校应组织经常性的实验教学评比活动，包括教学观摩、教学检查、教学评比等。通过观摩其他教师的实验教学过程，进行教学检查和评估来发现问题和改进空间，确保实验教学有序稳步地推进。例如，宁夏教育厅教研室开展的地理学科教师技能大赛就包括了地理学科的教师实验比赛，这对地理学科教师实验技能的提升有很大的助推作用。

（三）建立收集和分析数据的机制

建立实验教学评价的数据收集和分析机制，包括学生反馈、教师自评和专家评价等。通过收集学生的反馈意见、教师的自我评价和专家的评价，对实验教学进行客观、全面地评价，最终建立收集和分析数据的机制，以便对后续实验开展起到借鉴作用。

（四）建立反馈与改进机制

建立反馈意见和改进建议的机制，可依据评价结果，帮助教师改进实验教学中的不足之处，对学科教师的实验提出改进意见和建议。在建立教师专业发展机制的同时，鼓励教师参加培训、研讨，提高教师的实验教学能力和水平，使得教师开展的教学更能增强对学生的吸引力，更能让学生沉浸在地理学科的学习氛围中。

（五）建立完善的质量监控体系

建立实验教学的质量监控体系，包括对教师的实验教学能力和水平的监督和评价，对实验设备和实验室管理和维护的监控等。监测体系要科学、公正、可操作，要能充分保证实验的教学质量和效果。

通过建立实验教学评价体系和质量监控机制，及时发现实验教学中存在的问题和不足，促进教学的改进，提高教学质量和收获。同时也能推动实验教学的创新和发展，为学生提供更好的教学体验和学习效果。教师的实验教学能力和创新能力要不断提高，同时也要加强对教师的业务培训和拓展。

第二节 地理学科创新实验研究的局限性与不足

我们可以了解事物的本质，揭示规律，并为解决现实问题提供有效的方法和策略。然而，任何研究都存在着局限性与不足，这些局限性与不足限制了研究的深度和广度，也制约了研究结果的可靠性和应用性。

首先，研究的局限性在于研究对象的选择和限定。研究者通常只能选择有限的研究对象，而忽略了其他可能的因素。由于研究资源和时间的限制，研究往往只能集中在某个特定领域或对象上，无法全面地了解一个问题的方方面面，这就会造成研究结果的片面性，研究结果的代表性不足。其次，研究的局限性还表现在研究方法和工具的限制。每一种研究方法、研究工具，都有其应用的范围，也都有其局限的地方，不能一概而论。例如，实证研究方法可以提供客观的数据和结果，但其结果往往对于个体差异和主观因素的解释较为困难。另外，一些复杂的问题可能无法通过现有的研究方法和工具加以解决，这就限制了研究的深度和准确性。此外，研究的不足还在于研究过程中的误差和偏差。研究者可能受到自身的思维方式、经验和价值观的影响，从而产生主观误差。另外，研究结果的可靠性也受到样本选择、数据收集和分析过程中的随机误差的影响。这些误差和偏差可能会造成影响研究可靠性和可信度，导致研究结果的失真、失准。最后，研究的局限性还在于研究结果的应用和推广。研究结果往往是在特定条件下得出的，而现实世界是复杂多变的。因此，研究结果的适用性、推广性等都需要慎重考虑。一些研究结果可能在特定环境下有效，但在其他环境下可能失效。因此，将研究结果应用于实际问题时需要进行充分的验证和适应性调整。

研究的局限性与不足是无法避免的，但我们可以通过不断改进研究方法和工具，加强研究的多学科交叉与合作，提升研究者的素养和能力，以及关注研究结果的可靠性和应用性评价，来减少局限性和不足产生的影响，从而推动研究的深入和发展。如果将这一问题作更加详细地叙述，主要有以下几方面。

一、局限性与不足

新课标视域下高中地理学科创新实验探索与案例的研究存在一定的局限性和不足

之处，通过不断地教学实践，发现主要问题体现在以下几个方面。

（一）样本选择的局限性

研究中采用的样本来自特定的学校或地区，无法代表全国范围内的高中地理学科实验案例。由于我国幅员辽阔，区域差异性巨大。地理学科的实验内容和教学方法的选择在不同地区存在差异，因此研究结论的普适性可能会受到影响。

（二）数据收集的不足

由于研究时间和资源的限制，数据收集可能只涉及一部分案例和实验教学情况，无法充分了解全面的实践现状。此外，受到实验条件和资源的限制，某些创新实验可能无法得到充分展开和实施，从而限制了研究的深度和广度。

（三）实验资源和设备支持的缺乏

实验探索和案例研究通常需要较多的资源和设备支持。但由于各地区办学条件和资金限制，不少学校在资源、装备等方面还不能给予实验探索和案例研究充分的支持。这将使学生在实验探究、案例研究等方面的发挥和创新受到限制，很难充分培养学生的动手能力，很难培养学生的创新精神和科学探索精神。

（四）研究方法的局限性

受限于地理学科教师实验能力的差异，所采用的研究方法可能在研究中存在一定的主观性，同时也存在着一定的局限性，因此，研究方法在研究中起着关键作用。例如，对案例进行分析时可能存在个人主观倾向，受教学资源限制可能无法完全排除其他因素对实验结果的影响。

（五）结果与展望的局限性

由于地理学科创新实验探索与案例研究的时间和范围限制，对于实验案例的结论和展望可能无法覆盖到最新的学科教学理念和教学方法。随着教育环境和技术的不断发展，地理学科的创新实验也在不断更新和发展，因此研究的结论和展望可能存在一定的滞后性。

（六）实施覆盖范围的局限性

实验探索和案例研究往往是个别学生或小组进行的，难以在整个班级范围内实施。这可能导致学生之间的合作和交流机会有限，无法充分利用集体智慧来解决地理问题。同时，学生的个体差异也没有得到充分的关注和照顾，而导致一些学生在实验探索和案例研究中的学习效果不佳。

（七）时间与学习投入的局限性

实验探索和案例研究通常需要较长的时间和较高的学习投入。然而，在高中阶段，学生面临着大量的学科学习任务和考试压力，很难抽出足够的时间和精力来进行深入的实验探索和案例研究。这可能导致学生只能停留在表面的解决地理问题方法中，并且无法培养出扎实的实验和研究能力。

基于以上局限和不足，未来可采取以下改进措施：首先，加强班级合作学习和集体研究的机会，鼓励同学间的交流与合作，发展团队合作与沟通能力；其次，可以优化学校的课程安排，合理分配学生的学习时间，给予其足够的学习自主权，让学生能够更好地参与实验探索和案例研究；再次，可以加强学校对实验设备和资源的投入，提供更好的实验条件，鼓励学生进行创新实验探索和案例研究。最后，可以加强对实验探索和案例研究的评价和认可，建立起相应的评价体系和奖励机制，激励学生深入参与实验探索和案例研究的学习过程。

总而言之，新课标视域下高中地理学科创新实验探索与案例的研究在样本选择、数据收集、研究方法和结论展望等方面存在局限性和不足之处。未来的研究需要进一步扩大样本范围、深入挖掘实验案例、采用更科学的研究方法，并及时更新结论和展望，以提高研究的准确性和可靠性。同时，需要关注地理学科教学的最新发展动态，及时跟进并进行研究。

二、实验探索和案例研究的未来发展方向

作为地理学科的专业教师，我们深知教学探索研究的重要性和教学中蕴藏的巨大潜力。研究是推动社会进步的关键驱动力之一，它能帮助我们探索未知、解决问题、创新发展。然而，随着科技的不断进步和社会的快速发展，研究也需要随之改变和发展。作为地理学科专业教师，今后自身学习应朝着以下几个方面进行。

第一，跨学科教研将是未来的趋势。传统的学科界限变得越来越模糊，需要跨学科研究才能解决很多重大问题。如气候变化问题涉及很多学科领域，有气象学、地球科学、经济学。地理学科与思想政治学科融合，地理学科与物理、化学、生物学科的融合。跨学科的研究能够融会贯通不同学科的知识与方法，提供更为全面深入的解决方案。例如，植物的种子自然扩散与大气环境的关系的探索，就需要地理学科与生物

学科融合来探索。

第二，数字化、人工智能的发展会深刻影响研究。大数据和机器学习等技术的发展，使得研究人员能够更快速、准确地分析和处理大量信息。例如，在教学研究中，人工智能可以帮助教师诊断课堂问题、预测教学效果，利用大数据可以快速地分析学生学情，利用人工智能诊断学生的课堂表现等。因此教学更广泛的研究可能将由数字化和 AI 的应用提供，从而可帮助教师开展教学探索。

第三，促进教学研究工作转型将是社会需求和可持续发展的要求。今后的研究将更加重视对社会问题和可持续发展问题的解决。例如，对清洁能源的研究，会把环保和其他领域作为一个重点来抓。同时，研究也需要更加注重实践应用，将科研成果转化为实际效益，解决人们的现实问题。

第四，国际的合作与知识分享将成为发展的重要方向。如今世界各国之间的联系日趋紧密，各国需要更多的合作来解决共同面临的难题。国际合作能够推动教学研究成果的传播与交流，推动教研工作提质增效，这有助于拓展学科教师的研究探索视野。

总之，研究的未来发展方向将是跨学科、数字化、可持续发展、国际合作。作为一位专业的地理学科教师，应继续关注地理学科研究的发展动态，并能将研究的重要性和价值通过文字表达和新媒体进行传播。我们相信，今后的探索研究，定能使地理学科的教学前景更加美好。

三、教学探索研究方向的基础定位

依据如今的现实状况，对未来主要教学探索研究方向做以下的基础定位。

（一）跨学科教学研究

今后的研究将更多地通过整合不同学科知识和方法来解决复杂问题，注重不同学科之间的融合与交叉。例如，生物医学和工程学的交叉研究可以推动医疗技术的发展，生态学和社会科学的交叉研究可以促进可持续发展。地理学与物理学、数学的跨学科研究可以利用数学模型、物理原理解决地理学科的现实问题等。如利用物理的光学原理帮助学生认识海市蜃楼、宝光、五彩祥云等自然大气现象。

（二）利用大数据驱动教学研究

随着大数据时代的到来，教学研究将越来越依赖数据的收集、分析和应用。未来研究的发展需要更多的数据科学技术，例如，机器学习和人工智能，处理和解释大量的复杂数据，将数据科学地以可视化图形表达利用，为教育决策的制定提供支持，为教师分析学情提供支持。

（三）开展全球可持续发展研究

在全球资源日益枯竭、环境问题日益严重的情况下，可持续发展已成为未来研究的重要方向。地理学科教师将课本内容与现实环境问题相衔接，致力于探索可持续生产和消费模式，以及提出气候变化和环境污染等问题的解决方案。例如，随着全球变暖带来的环境问题的研究，这是人类必须面对的问题。

（四）开展实际应用问题研究

未来研究对实际应用的关注和对实际问题的解决会越来越多。教学人员要更加关注将研究成果转化为实际产品和服务，为学生需求提供更好的服务，为社会经济发展提供支持和创新，助力教育的改革与创新。总之，未来研究的发展方向将更加注重交叉学科研究、数据驱动研究、可持续发展研究和应用研究，以解决复杂问题和推动社会进步。

四、高中地理学科创新实验探索与案例研究的未来发展方向

对于新课标视域下高中地理学科创新实验探索与案例的未来发展方向的探索，是所有地理学科教师要面对的课题之一，总体来说，可以从以下几个方面去探索。

（一）立足新课标，强化实践性教学

地理学科教师要加强实践性教学活动，鼓励学生实践、观察和实验，通过实际操作提升学生的地理实践能力和实验技能。强化实践性教学是地理学科创新实验探索的重要方向之一。地理学科教师可以有针对性地从以下几个方面加强实践教学，以利于今后的学科发展。

1. 增加学生的野外调查活动

野外调查是一个地理学科实践性教学很重要的方式。未来可以加强和拓展实地考察活动，包括走进自然保护区、考察地球科学的现象和过程、进行社会调查等。通过体验和实地观察，学生可以更直观地了解地理现象和问题，提高实践能力和创新思维。例如，带领学生调查贺兰山银川段岩羊种群数量变化、种群活动空间范围变化与生态

修复的关系。

2. 强化科技手段的应用

随着科技的发展，地理学科可以借助各种科技手段来增强实践性教学的效果。未来可以在实地考察中使用无人机、遥感技术、地理信息系统工具，收集和分析地理数据和图像，加深对地理现象和问题的认识。此外，利用虚拟现实和增强现实技术，还能为学生提供更丰富的地理学习经验。例如，利用无人机组织学生调查城市重点交通路口的交通工具的流量，分析该路口交通拥堵的时段并能提出合理的解决措施。

3. 引入跨学科的教学内容

地理学科与其他学科有着密切的联系，未来可以引入跨学科的教学内容，结合历史、政治、经济等学科的知识，探索地理问题的多维度解决方案。例如，可以通过研究城市化进程中的环境问题，探讨地理与环境保护的关系，并结合政府政策和社会经济发展的因素，提出解决方案；利用化学学科知识解决土壤贫瘠问题。

4. 为学生提供实践项目与实验设计机会

为学生提供实践项目与实验设计的机会，可培养学生的动手能力与创新精神，同时也是培养学生实践能力的机会。未来可以开展地理实验课程，让学生通过设计实验、收集数据、分析结果等活动，深入了解地理学科的研究方法和实践技能。此外，还可以组织学生参加以激发兴趣、激发学习能力为目的的地理竞赛、科技创新大赛等活动。例如组织学生参加全国中学生地球科学奥赛。

5. 加强实践教学的评价

实践教学的评价是衡量教学成效的重要标志。未来可以加强对实践性教学评价体系的建设，包括设计合理的评价指标和评价方法，结合学生的实际表现和成果进行评价。同时，也要鼓励学生开展自评、互评，以利于反思学习，促进学生成长。

总之，未来地理学科创新实验探索的强化实践性教学可以通过提升实地考察活动、应用科技手段、引入跨学科内容、提供实践性项目和实验设计机会，以及加强教学评价等方面来实现。这些措施对于地理学科教学质量和效果的提升，对于学生动手能力、创新思维和解题能力的培养，都会有很大的帮助。

（二）拓宽教学实验案例研究领域

实验研究要涵盖更多地理学科知识领域，如自然地理、人文地理、经济地理等，开展跨学科的研究，以丰富案例研究的内容和覆盖范围，以拓宽学生对地理知识的应用和理解。可以在以下方面开展探索研究。

1. 城市化与城市规划案例研究

探讨新型城镇化背景下的城市规划改革、城市生态环境建设、城市交通网络优化等方面的案例研究。例如，中国的城市创新实验区、城市绿道建设、城市通风廊道建设等；再如，调查银川市的城市绿道规划和建设现状，探寻绿道建设的不足并提出合理的解决措施，为城市建设贡献自己的力量，激发学生热爱家乡的情感。

2. 资源与环境管理案例研究

研究资源与环境管理的创新实验探索案例，包括可持续发展、水资源管理、能源转型等方面的案例。例如，国际上的碳排放交易、水资源分配机制等；再如，在课外组织学生了解我国现阶段黄河流域水资源分配机制的调研等。

3. 自然灾害与风险管理案例研究

探讨新技术在自然灾害预警、风险评估和紧急救援等方面的应用案例。例如，地震预警系统、洪涝灾害的监测与管理，组织学生参观宁夏地震台，了解宁夏地震台的地震预警系统的运作机制等。

4. 区域发展创新实验案例研究

研究区域发展的创新实验案例，例如，基于 GIS 的城市发展规划、基于 GIS 的城市湿地变化、农村地区的可持续发展等；再如，组织学生调查城市新型服务业的发展过程中 GIS 的应用现状。

5. 人口与城乡发展的实验案例研究

人口迁移与城市化、人口老龄问题带来的困境和解决措施的探索等。例如，组织学生调查银川市老龄化带来的困境，银川市在健康养老产业发展方面所采取的举措。

6. 气候变化与可持续发展的实验案例研究

针对生态保护与恢复工程、可再生能源开发利用等研究气候变化与可持续发展的实验案例，可以为学生深刻理解人地关系打下坚实基础。例如，组织学生开展宁夏灵武市白芨滩生态恢复建设的成效和意义调研。

以上叙述仅是一些可能的拓展案例研究领域，对于未来发展方向，地理学科教师还应根据实际需要和研究趋势进行深入探索。这样的研究才能接地气、有效果、可推广。

（三）大力引进科技手段

为培养学生运用科技解决地理问题的能力提供更多的数据和工具支持，如地理信息系统、遥感技术、虚拟现实等，在实验探索和案例研究中结合现代科技手段。地理学科的研究方法与手段随着科学技术的不断进步与发展而不断更新。引入科技手段可以推动地理学科研究的未来发展，提高研究效率、拓宽研究范围、深化研究内容。下面就一些可引入科技手段进行论述。

1. 遥感技术的应用

地理学研究中，遥感技术可以通过遥感卫星和航天飞机等平台获取大范围、高时空分辨率的地表信息。可应用遥感技术开展地形测量、地表覆盖分类、人口分布变化、地表水系变化等，也可应用于监测用地变化、城市湖泊湿地变化等方面的研究。

2. 地理信息系统（GIS）的应用

地理信息系统是一种综合应用地理学、计算机科学和信息技术的工具。地理数据可以通过地理信息系统进行查询、分析和处理，生成地图，模拟预测地理现象。GIS 可以应用于地理研究中，用于空间分析、建立地理模型等。

3. 全球卫星定位系统（GPS）的应用

GPS 技术可以通过卫星定位系统获取地理位置信息。在地理学研究中，可以利用 GPS 技术进行地貌测量、地理位置追踪、导航等。例如，现代京东物流业中的快递物品的投递路径追踪就是利用了地理信息系统中的 GPS 技术。由此可以组织学生利用地理信息技术调研现代服务业的高速发展对居民消费的影响。

4. 数据挖掘和机器学习

地理学研究中产生了大量的数据，利用数据挖掘和机器学习的技术可以从大数据中提取有用的信息和规律。例如，可应用数据挖掘和机器学习技术进行地理数据分析、模式识别、预测等方面的研究。

5. 虚拟现实（VR）和增强现实（AR）应用

虚拟现实和增强现实技术可以将数字化的地理信息与真实场景结合，提供一种沉浸式的地理学研究体验。例如，可以利用 VR 和 AR 技术进行地理场景模拟、可视化展示、实时导航等。

总之，引入科技手段可以为地理学研究提供更多的工具和方法，推动地理学科的创新实验探索，拓宽研究领域，提高研究效率，深化研究内容。

（四）培养学生的科研意识

在新课标视域下，高中地理学科创新实验探索与案例研究的未来发展方向之一是培养学生科研意识。科研意识是指在进行科学或学术探索过程中，学生所具备的一种主动、系统严谨的思维方式和态度。培养学生的科研意识能够帮助他们更好地参与到地理学科创新实验和案例研究中来，提高学生的科学素养和动手能力。地理学科培养学生科学研究意识可以从以下几个方面着手。

1. 强化对学生科学方法论的教育

科学方法是进行地理学科研的基础，学生需要了解科学的特点、科学的假设和验证、收集和分析数据等科学研究的基本流程，以及科学研究的道德规范。教师可以通过讲解科学案例、分析科学论文等方式，引导学生掌握科学研究的方法。

2. 提供科学研究的机会和平台

学校可以组织学生参加科学研究项目，或者开展与地理学科相关的科研竞赛、科技创新活动等。学生可以通过实际的科研实践，加深他们对科学的认识和兴趣，让他们亲身体验科研的过程。

3. 鼓励学生提出问题和培养学生解决问题的能力

教师可以引导学生在地理学科教学中自主地提出问题，并帮助学生学会运用科学的方法解决问题，这是地理学科教学中的一项重要内容。鼓励学生自主提出问题，学生的科研意识、问题意识可以被激发出来，从而提升培养学生的提问能力和解决问题能力。

4. 培养学生的创新思维

地理学科的创新实验和案例研究需要学生具备创新思维，能够从不同的视角思考问题，提出新的观点和解决方案。教师可以培养学生的创新思维能力，例如，可以通过开展头脑风暴、学科交叉思维等创新思维训练活动来实施。

5. 学校要为学生提供科研资源和指导

学校可以建立科研资源库，为学生提供相关的地理学科研资源，如地理数据库、地理信息系统等。同时，学校也应该配备专业的科研指导老师，帮助学生规划科研项目、解决科研难题，并提供反馈和指导。

培养学生科研意识是高中地理学科创新实验探索与案例研究未来发展的重要方向之一。通过加强科学方法论教育，提供科研机会和平台，鼓励学生提出问题，这样可以培养学生解决问题的能力，培养创新思维，提供科研资源和指导等措施，帮助学生更好地参与地理学科的创新实验和案例研究，提高学生的科学素养和实践能力。

（五）加强实践与社会的联系

与社会和地方资源合作，如各级政府、科研单位、企事业单位等，共同开展地理实践活动和案例研究，使学生深入了解社会实践，深入了解现实问题，提高解决实际问题的能力。加强实践与社会联系是新课标视域下高中地理学科创新实验探索的重要方向之一。现针对加强实践与社会联系的具体措施和方向作以下论述。

1. 强化实践教学

采取实地考察、实验操作、模拟演练等方式，对学生的地理动手能力进行培养。可以组织学生参与社区环境保护、生态保护、地质灾害防治等实践活动，让学生体验地理知识在实践中的应用，从而提升他们的地理实践力。

2. 拓宽社会联系

学校应与地方政府、科研单位、企业等建立开展地理实用工程的合作关系。可以与相关单位合作，开展科学调查、数据收集、统计分析等研究工作，让学生参与到真实的地理研究中，提升学科实践能力。如加强与气象部门、城市管理部门、农业部门、矿产部门、自然资源部门等的联系。

3. 强化社会问题导向

通过引导学生对与社会发展密切相关的地理问题进行思考和探索，培养学生对现实问题的解决能力。可以组织学生研究城镇化、环境污染、生态破坏、资源利用等重大地理问题，引导学生提出解决方案，促进学科与社会的深度融合。

4. 加强实践与社会联系

运用现代科技手段，如地理信息系统、遥感技术等，开展地理实践活动和地理科学研究。可以引导学生使用相关软件和设备，进行地理数据分析和空间信息处理，培养学生科技创新能力。例如，利用图新地球软件引导鼓励学生本着就近便利的原则重新规划布局校园的道路和绿化带，为学校的环境建设提出建议。

5. 在社会实践中促进学科间相互衔接和融合

加大地理与其他学科间的衔接，拓宽学科间的联系，在实践中、在真实生活情境中可以与数学、物理、化学等学科进行交叉研究，开展综合性实验和课题研究，培养学生跨学科思维和综合应用能力。

总之，加强实践与社会联系是新课标视域下高中地理学科创新实验探索的重要方向。通过实践教学，拓宽社会联系，强化社会问题导向，运用科技手段，促进学科交叉融合，增强学生地理实践创新能力，促进学科与社会深度融合，促进地理学科发展。今后的发展方向要以培养学生的地理素养和解决问题的能力为重点，注重实用性教学，注重科技应用，注重科研能力的培养，同时要加强与社会、乡土资源的合作。

总 结

通过这本《高中地理学科创新实验探索与案例分析》，我们带领地理学科教师踏上了一段富有挑战性和创新精神的地理学科之旅。在这段旅程中，我们探索了地理学科的核心概念、研究方法和实验技巧，同时深入挖掘了一系列有丰富地理知识内涵的案例。

在这本书中，我们介绍了一系列地理领域的创新实验探索，以激发学科教师对地理学科创新实验的兴趣和热情。通过这些实验，可以帮助读者理解地球表面的形成与演变、自然资源的分布与利用、人口与城市发展等重要的地理问题。同时，我们还引入了一些前沿的技术和工具，如地理信息系统、遥感技术等，以助力学科教师更好地理解和解决实际的地理问题。除实验外，我们还提供了大量的案例研究，以供学科教师深入了解地理学科在实际生活中的应用。这些案例涵盖了不同地理环境下的自然灾害防控、城市规划与可持续发展、气候变化与环境保护等多个方面。通过深入分析这些案例，学生可以了解到地理学科对于解决现实问题的重要性，同时也能够培养出解决问题的能力和思维方式。

在书的最后，我们希望朋友们在这本书中得到启发，取得收获。我们建议学科教师不能仅停留在书本知识上，而是要积极参与到实际的地理实践中去。无论是参加地理学科竞赛、地理实地考察，还是主动关注和参与社会中的地理问题，都是对于地理学科学习很好的补充和延伸。

最后，我们衷心希望这本《高中地理学科创新实验探索与案例分析》能够成为学科教师掌握地理学科知识、激发创新思维、培养科学精神、培养解决问题能力的重要工具书。相信通过读者的努力和实践，地理学科的创新与探索将会取得更加辉煌的成就!

参考文献

[1] 王甜 . 生活化教学在高中地理教学中的应用与探究 [J]. 试题与研究，2023（17）：129–131.

[2] 谭辉 . 思想政治课自主学习模式的构建与实践 [J]. 黑河教育，2010（2）：7–8.

[3] 杨建锋，王尧，杨宗喜，等 . 关于地质调查的一种全新的思维范式 [N]. 中国矿业报，2018–06– 05.

[4] 陈飞，丁煜，袁鹏举 . 基于小程序架构模式的电商平台设计与实现 [J]. 广播电视信息，2023，30（7）：105–107.

[5] 穆野 . 混合现实人工智能给排水系统 [J]. 中国科技信息，2023（18）：72–76.

[6] 李春若 . 基于大数据的职业学校教师信息化能力水平增值评价研究 [J]. 互联网周刊，2023（15）：34–36.

[7] 宋玉洁 . 参与式教学在高中地理教学中的应用研究 [D]. 聊城：聊城大学，2021.

[8] 黄劲歌 . 广告艺术设计的教学改革研究 [J]. 上海包装，2023，（5）：

[9] 于迅 ."互联网 +"视域下高职院校生命教育的实践研究 [C]// 中国智慧城市经济专家委员会 . 四川城市职业学院；2023：

[10] 郭庆 . 高中化学多媒体网络教学的途径探讨 [J]. 新课程研究（下旬刊），2018，（3）：21–22.

[11] 臧传发 . 试析在"动""静"结合中提升高中生的地理学习力 [J]. 高考，2023（22）：75–77.

[12] 徐晓凡 . 传统文化和国学经典中的生存智慧与民族凝聚力 [J]. 喜剧世界（下半月），2023（11）：98–100.

[13] 王薇 . 高中地理环境保护与可持续发展内容的教学设计研究 [D]. 呼和浩特：内蒙古师范大学，2015.

[14] 王坚 . 高校师生安全意识培养策略探究 [J]. 华章，2023（5）：87-89.

[15] 谌曦 . 生态文明建设背景下环境法课程标准的重塑探讨 [C]// 山西省中大教育研究院 . 乡村振兴与教育发展研讨会论文集——生态振兴研究篇 . 贵阳人文科技学院，2023.

[16] 王敏 . 高中地理实验教学策略之我见 [C]// 广东省教师继续教育学会 . 广东省教师继续教育学会《教育与创新融合》研讨会论文集（五）宜昌金东方高级中学，2023.

[17] 任仕广，郑惠丹 . 新时代全面推进卓越体育教师综合素养提升刍议 [C]// 江西省体育科学学会，全国学校体育联盟江西省分联盟，江西省体育学学科联盟，华东交通大学体育与健康学院 . 第四届“全民健身 科学运动”学术交流大会暨运动与健康国际学术论坛论文集 . 华东交通大学体育与健康学院；浙江工商大学外国语学院，2023.

[18] 县鸿斌 . 地籍测量工程中数字化测绘技术的应用探讨 [J]. 内蒙古煤炭经济，2020（23）：197-198.

[19] 刘伯华，付安楠，李可行，等 . 面向数字孪生的智能信息采集方法及应用 [J]. 北方牧业，2023（19）：5.

[20] 黄相花 . 分层教学法视角下的初中英语教学策略分析 [J]. 校园英语，2023（18）：145-147.

[21] 侯静静 . 创新课堂：农村高中物理教育教学提升的助推剂 [J]. 陕西教育（综合版），2024,（03）：36-38.

[22] 杨霜 . 基于资源的探究性教学模式在地理教学中的应用 [J]. 科技信息，2013（6）：1.

[23] 陈道华，周羽 .“洋流对地理环境的影响”课例设计 [J]. 中学地理教学参考，2019（7）：5.

[24] 陶爽 . 四版地理选择性必修一新教材的比较研究 [J].[2023-11-27].

[2] 张沛椿 . 基于 STEM 教育的高中学生地理实践力培养研究 [D]. 西宁：青海师范大学，2023.

[26] 陈雪东 . 基于高中生地理问题意识培养的课堂问题情境创设研究 [D]. 广州：广州大学，2022.

[27] 王素珍 . 基于地理实践力培养的高中地理实践活动项目开发和实施策略研究 [D]. 呼和浩特：内蒙古师范大学，2018.

[28] 吕薪秀，黄茜．希沃白板在中学地理教学中的应用——以“地球的宇宙环境”为例 [J]. 中学地理教学参考，2021（20）：68–70，76.

[29] 中华人民共和国教育部．普通高中地理课程标准（2017版）.

[30] 王景晨，郝雨楠，顾婵．基于地理实践力培养的月相观测与模型制作活动设计 [J]. 地理教学，2021（11）：53–56.

[31] 费志明；王耀村．基于 STEM 理念的“月相”教学设计 [J]. 地理教学，2021（6）：36–38，28.

[32] 人民教育出版社．普通高中地理必修1[M]. 北京：人民教育出版社，2020：5.

[33] 储桂军．以月相观测培养高中地理实践力 [J]. 中学政史地：高中文综，2022（7）：134–138.

[34] 梁娇祝，李琳．基于地理实践力的“正午太阳高度角和当地经纬度测量”户外活动教学设计 [J]. 地理教学，2018（24）：59–62.

[35] 张旭彦．“正午太阳高度角及其应用”教学设计 [J]. 中学地理教学参考，2021（1）：47–50.

附录　实验案例教学材料

人教版高中必修地理 1　大气的热力环流
问题驱动下的教学设计及实验案例

一、人教版高中必修地理 1

大气的热力环流问题驱动下的教学设计（表一）

新课标要求	新课程标准要求学生能够理解大气的热力环流原理，掌握气象要素的变化规律，如大气的温度、湿度、风向、风速等，并能对季风、台风、暴雨等大气现象进行分析和解释。同时，学生还需要能够运用地理知识解决实际问题，如气象预报、环境保护等
教学目标	1. 了解大气的热力环流的基本原理和过程 2. 解释和预测大气中的热力环流现象 3. 应用大气热力环流原理，解决实际的大气环流问题
教学重点和难点	重点：大气的热力环流的基本原理和过程 难点：了解大气中热力环流现象、热力环流原理在大气中的应用，并能解决实际问题
教学方法	1. 问题驱动教学法：通过大气热力环流的基本原理和基本过程提出问题，引导学生进行独立探究 2. 实验教学法：让学生体验和观察大气中热力环流现象，通过实验加深对知识的理解和记忆 3. 小组讨论法：通过小组讨论让学生深入地理解热力环流概念、分析具体的热力环流现象，并提出解决实际问题的能力
教学过程	1. 引入新素材：通过展示一些大气的热力环流现象的图片或视频，引导学生思考这些现象产生的原因和过程 2. 提出问题：提出一系列问题：（教师针对这些问题引导学生自主探究） （1）为什么会出现大气的热力环流

续表

教学过程	（2）大气的热力环流是如何形成的 （3）大气的热力环流有哪些现象 3. 自主探究：让学生根据提出的问题，自主查阅资料，进行思考和讨论，思考和理解大气热力环流的基本原理和过程 4. 实验教学：让学生通过实验，加深对知识的理解和记忆，亲身体验和观察大气中的热力环流现象 5. 小组讨论：通过小组讨论，让学生相互交流和分享对大气的热力环流的理解和应用，提高学生的合作能力和思维能力 6. 归纳与总结：让学生对大气热力环流的基本原理、基本过程，以及大气热力环流的现象及其应用进行归纳与总结 7. 布置作业：将一些与大气有关的热力环流作业布置给学生，以便巩固和应用所学知识
教学评价	1. 过程性评价：通过观察学生的参与程度、思考深度、沟通能力等在课堂上的表现，对学生的学习情况进行评价 2. 作业评价：通过对学生作业批改来完成评价，评价学生对大气热力环流的认识和应用 3. 实验评价：通过观察学生在实验中的表现，如操作能力、观察力、分析能力等，评价学生的学习情况

xxx 学校学生课堂表现评价量表（表二）

学生姓名		班级			
评价维度		评价内容及分值		赋分	
学生参与度		1. 学生能否积极参与课堂讨论和提问（1 分） 2. 学生能否主动提出自己的观点和想法（1 分） 3. 学生能否积极参加小组讨论，与同学进行合作学习（1 分）			
解决问题的能力		学生能否理解并解决课堂上提出的问题（1 分） 2. 学生能否独立思考，提出自己解决问题的思路（1 分） 3. 学生能否把学过的知识运用到解决实际问题上来（1 分）			

续表

评价维度	评价内容及分值	赋分	
知识掌握程度	1. 学生是否能听懂并掌握所讲授的课程知识点（1 分） 2. 学生能否运用所学知识对相关问题进行解答（1 分） 3. 学生是否可以结合生活经验学习所学知识（1 分）		
课堂表现	1. 在不影响其他同学学习的情况下，学生是否能够遵守课堂纪律（1 分） 2. 学生是否能够积极参与课堂活动，不消极对待（1 分） 3. 学生是否能够尊重老师和同学，不发表不适当言论（1 分）		
总分	12 分		
备注：	以上测评表格仅供参考，具体测评标准可结合实际做适当调整		

学生作业评价量表（表三）

学生姓名		班级		学校	
评价项目	评价内容		评价标准		赋分
一、知识掌握	1. 理解大气热力环流的基本概念和基本原理，解释热力环流形成的原因和过程 2. 认识水平气压梯度力、地转偏向力和摩擦力对大气热力环流运动产生的影响，对其对热力环流的作用进行分析 3. 掌握热力环流的基本类型，即海陆风、山谷风、城市热岛环流和季风，分析它们形成的原因和特征		1. 对大气热力环流的基本概念、基本原理能够准确理解和掌握（5 分） 2. 分析形成大气热力环流的原因和过程（5 分） 3. 能够熟练地掌握大气热力环流的基本类型及其形成的原因和特点（5 分）		
二、应用能力	1. 运用热力环流原理对山谷风、城市风等实际生活中出现的现象加以说明 2. 运用热力环流的原理，分析和预测天气变化，如台风、暴雨等 3. 对城市热岛效应、酸雨等环境问题能运用热力环流原理分析并提出解决措施		1. 对实际生活中的现象能运用热力环流的原理进行解释（5 分） 2. 预测天气变化，分析和解决环境问题（10 分）		

续表

评价项目	评价内容	评价标准	赋分
三、思维能力	1. 运用问题驱动的学习方法，主动探究大气热力环流的原理和应用 2. 运用逻辑思维，对大气热力环流的现象和问题进行深入的思考和分析 3. 思考和评价大气热力环流的理论和实践，调动学生的创新思维和批判性思维	1. 能够运用问题驱动的学习方法，主动探究大气热力环流的原理和应用（5 分） 2. 能够运用逻辑思维，对大气热力环流的现象和问题进行深入思考和分析（5 分） 3. 能够运用创新思维和批判思维，对大气热力环流的理论和实践进行独立思考和评价（5 分）	
四、情感态度	1. 对地理科学的热爱和兴趣，主动学习和探究热力环流的原理和应用 2. 对环境问题的关注和责任感，运用热力环流的原理和方法，解决实际的环境问题 3. 对科学方法的尊重和理解，运用问题驱动的学习方法，提高自己的科学素养和创新能力	1. 具有对地理科学的热爱和兴趣，愿意主动学习和探究热力环流的原理和应用（5 分） 2. 具有对环境问题的关注和责任感，愿意运用热力环流的原理和方法，解决实际的环境问题（5 分） 3. 具有对科学方法的尊重和理解，愿意运用问题驱动的学习方法，提高自己的科学素养和创新能力（5 分）	
注	本测评表合计赋分 60 分		作业得分

二、大气热力环流教学中实验的意义

实验是科学教学中常用的一种教学方法，旨在通过实验现象，让学生亲身体验科学知识，从而提高学生的学习兴趣和学习效果。在大气热力环流教学中，地理实验的作用尤为关键。

（一）增强学生对大气热力环流运动的理解和认识

在大气热力环流教学中，学生需要理解地球表面的温度、气压、风向、风速等概念，这些概念往往比较抽象，难以直接理解。通过实验，学生可以亲手操作，观察实验现象，从而直观地理解概念并分析温度、气压、风向、风速等的分布规律，提高学习效果。

（二）模拟实验有助于学生深入了解大气热力环流的复杂性

大气热力环流涉及多因素相互作用，是一个复杂的系统。通过模拟实验，学生可以亲手操作，观察实验现象，从而深入理解这些因素的相互作用，提高学习效果。

（三）提高学生的实验技能和科学素养

实验需要学生具备一定的实验技能和科学素养，如观察、记录、分析和解释数据等，这些技能和素养对于学生未来的学习和工作都是非常重要的。在实验中，学生需要开展实验设计、实验操作、实验数据分析等，这些实验环节的完成都需要学生具备一定的实验技能和科学素养。通过实验，可以使学生在操作技能和素养上有所提高，为今后的学习、工作奠定扎实的基础。

（四）培养学生的创新思维和实践能力

地理实验是一种生动有趣、能激发学生学习兴趣的方式。同时，实验也是培养学生创新精神的一种方法。实验需要学生进行创新思维和实践能力的培养，如设计实验方案、选择实验设备、分析实验结果等，这些能力对于学生未来的学习和工作都是非常重要的。

（五）提高学生的兴趣与热情

实验可以让学生更加深入地了解地理原理，并且可以接触到地理学科的实际应用，从而提高学生对地理学科的兴趣和热情，激发学生的学习动力和创新精神。

总体而言，该实验在大气热力环流教学中意义重大。通过实验，提高了学生的实验技能和科学素养，激发了学习兴趣和创新精神，对大气热力环流的基本原理有了更直观的认识，使他们深入了解了大气热力环流的复杂性。因此，我们应该在大气热力环流教学中充分利用模拟实验，提高教学效果。

三、高中地理学科大气热力环流教学中开展实验的要求

高中地理学科大气热力环流教学中有关实验的要求主要包括以下几点。

（一）实验设计

探究大气环流运动规律和影响因素，需要设计科学的实验。实验设计要考虑实验目的、方法、步骤以及收集和分析资料等。

（二）实验操作

包括仪器的使用、实验数据的记录与处理等。实验操作要严格按照实验设计执行，保证实验结果的准确可靠，这都需要学生掌握实验操作的基本技能。

（三）数据分析

学生需要对实验数据进行分析，以得出大气环流运动的规律和影响因素。数据分析应该使用适当的统计方法和图表，便于清晰地展示实验结果。

（四）实验报告

学生需要撰写实验报告，报告内容包括实验目的 、实验设计、实验操作、资料分析、实验结论。实验报告应该清晰、准确、完整，以反映学生对大气环流运动知识、原理的理解和掌握程度。

（五）实验安全

实验安全是实验教学的重要环节，要给予足够的关注和保证。学生需要遵守实验安全规定，包括穿着实验服、使用防护设备、正确处理实验废弃物等。

四、高中地理学科大气热力环流运动实验设计

大气热力环流运动的观察与分析（表一）

实验名称：	大气热力环流运动的观察与分析
实验器材	1. 一个大型玻璃容器（如玻璃圆筒） 2. 两个大号热水袋或两个小号取暖器 3. 一个温度计 4. 一些小型浮标或漂浮物体
实验步骤	1. 准备一个大型玻璃容器，并将其放置在平稳的台面上 2. 在玻璃容器底部放置一片保护垫，以避免热源直接接触玻璃 3. 在玻璃容器的一侧放置一个热水袋或小型加热器，并加入温水 4. 在另一侧放置另一个热水袋或小型加热器，并加入冷水 5. 在玻璃容器的顶部或侧面放置温度计 6. 待温度稳定后，在玻璃容器中放入一些小型浮标或漂浮物体 7. 启动加热器，并记录温度的变化 8. 观察并记录加热后空气的流动情况及浮标的运动轨迹 9. 根据观察结果，分析大气的热力环流运动的原理和机制
注意事项	1. 实验操作时要注意安全，避免烫伤等事故发生 2. 取暖器加热要适度，避免温度太高造成容器破裂 3. 在实验过程中及时记录数据，保持观察不间断 4. 实验结束后，及时关闭加热器

续表

预期结果	1. 加热器加热后，温水会升温，冷凝器冷却后冷水会降温 2. 温水升温后，空气会受热上升，形成上升气流 3. 冷水降温后，空气会下沉，形成下沉气流 4. 由气流产生动力带动浮标或漂浮物形成一定运动轨迹
实验分析	通过观察实验现象，总结如下： 1. 大气中热力环流因温度不同而运动 2. 加热后的空气在温度差的驱动下，形成垂直环流 3. 热气流上升后发生高空平流运动 4. 冷空气下沉后，在低空会发生辐合运动
拓展实验	1. 改变加热器的温度或设置多组加热器，观察热力环流运动的变化 2. 改变容器的尺寸或形状，观察热力环流运动的变化 3. 使用不同密度的浮标或漂浮物体，观察其运动轨迹的差异
备注	以上是一种简单的高中地理学科大气的热力环流运动实验设计，在实际的教学过程中可依据实际情况进行修改

人教版高中必修地理1（大气热力环流）模拟实验观察记录表

实验观察记录表（表二）

实验小组		成员姓名								
实验设备	温度计、湿度计、气压测量仪、风速测量仪									
实验项目	阅海公园内的温度、气压、湿度（湖泊与陆地的对比）、风向、风速等都有不同。									
实验编号	实验日期	实验地点	记录内容							
			温度		气压		风向		风速	
			陆地	湖面	陆地	湖面	陆地	湖面	陆地	湖面
1	2023 年 3 月 1 日	阅海湖公园								
2	2023 年 3 月 2 日	阅海湖公园								
3	2023 年 3 月 3 日	阅海湖公园								
4	2023 年 3 月 4 日	阅海湖公园								
5	2023 年 3 月 5 日	阅海湖公园								
6	2023 年 3 月 6 日	阅海湖公园								
7	2023 年 3 月 7 日	阅海湖公园								

续表

<table>
<tr><td>8</td><td>2023 年 3 月 8 日</td><td>阅海湖公园</td><td></td><td></td><td></td><td></td><td></td><td></td><td></td><td></td></tr>
<tr><td>9</td><td>2023 年 3 月 9 日</td><td>阅海湖公园</td><td></td><td></td><td></td><td></td><td></td><td></td><td></td><td></td></tr>
<tr><td>10</td><td>2023 年 3 月 10 日</td><td>阅海湖公园</td><td></td><td></td><td></td><td></td><td></td><td></td><td></td><td></td></tr>
<tr><td>实验编号</td><td>实验日期</td><td>实验地点</td><td colspan="8">实验结果描述</td></tr>
<tr><td>1</td><td>2023 年 3 月 1 日</td><td>阅海湖公园</td><td colspan="8">大气产生横向风，风向与等压线呈斜交状态</td></tr>
<tr><td>2</td><td>2023 年 3 月 2 日</td><td>阅海湖公园</td><td colspan="8">大气在垂直方向产生气压差，这样就形成了上升气流，同时也形成了下沉气流</td></tr>
<tr><td>3</td><td>2023 年 3 月 3 日</td><td>阅海湖公园</td><td colspan="8">大气在水平方向产生风，风向与等压线斜交，风速大小与其他压线斜率大小有相关性</td></tr>
<tr><td>4</td><td>2023 年 3 月 4 日</td><td>阅海湖公园</td><td colspan="8">大气产生垂直方向的气压差，形成与温度差异有关的上升和下沉气流</td></tr>
<tr><td>5</td><td>2023 年 3 月 5 日</td><td>阅海湖公园</td><td colspan="8">大气在水平方向上产生风，风向与等压线的斜率有关，风速与等压线的斜率有相关性，风向与地转偏向力（波利角）有相关性</td></tr>
<tr><td>6</td><td>2023 年 3 月 6 日</td><td>阅海湖公园</td><td colspan="8">大气在垂直方向上产生了气压差，形成了上升和下沉气流，气压差与气温差有相关性，气压差与地形有相关性</td></tr>
<tr><td>7</td><td>2023 年 3 月 7 日</td><td>阅海湖公园</td><td colspan="8">大气在水平方向上产生了风，风向与等压线斜交，风速与等压线的斜率有关联性，风向与地转偏向力有相关性，风速与地形有相关性</td></tr>
<tr><td>8</td><td>2023 年 3 月 8 日</td><td>阅海湖公园</td><td colspan="8">大气在水平方向上产生了风，风向与等压线斜交，风速与等压线的斜率有关，风向与地转偏向力有关，风速与地形有关，风速与植被有关</td></tr>
<tr><td>9</td><td>2023 年 3 月 9 日</td><td>阅海湖公园</td><td colspan="8">大气在水平方向上产生了风，风向与等压线斜交，风速与等压线的斜率有相关性，风向与地转偏向力有相关性，风速与地形有相关性，风速与植被有相关性</td></tr>
<tr><td>10</td><td>2023 年 3 月 10 日</td><td>阅海湖公园</td><td colspan="8">大气在垂直方向产生气压差，形成上升和下沉气流，气压差与气温差有相关性，气压差与地形有相关性，气压差与植被有关，气压差与下垫面的物理性质有相关性</td></tr>
<tr><td>备注</td><td colspan="10">表格在教师指导下由学生观察记录</td></tr>
</table>

实验教学评价量表（表三）

<table>
<tr><td>学生姓名</td><td></td><td>班级</td><td></td></tr>
<tr><td>评价维度</td><td colspan="2">评价标准</td><td>赋分</td></tr>
<tr><td>实验准备</td><td colspan="2">1. 学生是否提前预习并准备好实验材料和设备（5 分）
2. 学生是否了解实验目的和步骤（5 分）
3. 学生能否独立完成实验操作（5 分）</td><td></td></tr>
<tr><td>实验操作</td><td colspan="2">1. 学生是否能按详细的实验步骤操作（5 分）
2. 学生是否能够正确使用实验设备（5 分）
3. 学生能否正确记录实验数据和观察实验结果（5 分）</td><td></td></tr>
<tr><td>实验分析</td><td colspan="2">1. 学生对实验数据及观察结果是否能进行正确分析（5 分）
2. 学生是否能够理解实验现象和原理（5 分）
3. 学生是否能够提出自己的解释和观点（5 分）</td><td></td></tr>
<tr><td>实验报告</td><td colspan="2">1. 学生是否能够撰写实验报告（5 分）
2. 学生是否能够清晰、准确地描述实验过程和结果（5 分）
3. 学生是否能够提出自己的结论和建议（5 分）</td><td></td></tr>
<tr><td>实验态度</td><td colspan="2">1. 学生是否积极参与实验（5 分）
2. 学生是否遵守实验规则和安全规定（5 分）
3. 学生是否能够与他人合作完成实验（5 分）</td><td></td></tr>
<tr><td>实验创新</td><td colspan="2">1. 学生是否能够提出自己的实验改进方案（5 分）
2. 学生是否能够尝试利用不同的实验方法和设备（5 分）
3. 学生是否能够发现新的实验现象和规律（5 分）</td><td></td></tr>
<tr><td>实验评价</td><td colspan="2">1. 教师评价学生实验表现能否公正客观（5 分）
2. 教师是否能够给予学生及时、具体的反馈和建议（5 分）
3. 学生自评自省能否得到鼓励（5 分）</td><td></td></tr>
<tr><td>总分</td><td></td><td>教师签名</td><td></td></tr>
<tr><td>备注</td><td colspan="3">本表总分为（105 分），这只是一份参考评价量表，具体评价标准和权重可以根据实际情况进行调整</td></tr>
</table>

人教版高中选择性必修1　洋流问题驱动下的教学设计及实验案例

一、实验在洋流教学中的意义

在地理科学教育过程中，实验是一种富有创新的教学模式。它能有效激发学生的探索欲望与好奇心，同时也能提升学生的实践能力以及对问题的分析和处理能力。此外，实验还能够帮助学生加深对于科学知识的理解，建立科学观念，培养以事实为基础的科学思维模式，进而全方位地增强其综合素养。在洋流教学中，实验更是起到了至关重要的作用。

（一）增强学生对海水运动的理解和认识

在洋流教学中，学生需要理解风海流、密度流、补偿流等概念，这些概念比较抽象，仅通过口头讲授学生难以理解。通过模拟实验，学生可以通过观察实验现象来理解洋流的成因，提高学习效果。

（二）帮助学生深入理解洋流运动的复杂性

洋流是一个复杂的海水运动系统，涉及多个因素的相互作用。通过模拟实验，学生亲手操作，观察实验现象，从而深入理解这些因素的相互作用。

（三）提高学生的实验技能和科学素养

实验需要学生具备一定的实验技能和科学素养，如实验器材的准备与选取、实验现象的观察、实验数据的记录、分析和解释实验数据等，这些技能和素养对于学生未来的学习和工作都非常重要。在实验中，学生通过进行实验设计、实验操作、实验数据分析等环节，培养一定的实验技能和科学素养，为以后的学习和工作打下坚实基础。

（四）培养学生的创新思维和实践能力

地理实验教育是一种富有创新的学习模式，在实验过程中，学生需要独立策划实验计划、挑选实验设备和分析实验结果等。这对于培养他们的创新思维和实践技能大有裨益，并且为他们未来的科研与职业奠定了基础。

（五）提高学生对地理学科的兴趣和热情

地理实验是一种富有趣味性的学习方式，可以有效地激发学生的学习热情。通过实验，学生能够更深入地理解和掌握地理知识的基础原理和实际应用[1]，从而增强对地理学科的兴趣和热情。

总的来说，实验在地理教学中具有重要意义。教师应该在洋流教学中充分利用模拟实验辅助教学，提高教学效果。

二、高中地理学科洋流教学中开展实验的要求

高中地理学科洋流教学中有关实验的要求包括以下几点：

（一）实验设计

学生需要设计实验来研究洋流运动的规律和影响因素。实验设计应从实验目的、方法、步骤、数据收集和分析等方面进行。

（二）实验操作

学生需要掌握实验操作的基本技能，包括仪器的使用、数据的记录和处理等。实验操作应该严格按照实验设计进行，以保证实验结果的准确性和可靠性。

（三）结果分析

学生需要对实验结果进行分析，得出洋流的影响因素以及三种不同成因洋流的形成原理。

（四）实验报告

学生需要撰写实验报告，包括实验目的、实验设计、实验操作、结果分析和实验结论等内容。实验报告应该清晰、准确、完整，以反映学生对洋流的理解和掌握程度。

（五）实验安全

学生需要遵守实验安全规定，包括规范穿戴实验服、正确使用防护设备、正确处理实验废弃物等。实验安全是实验教学的重要组成部分，应该得到足够的重视和保障。

三、人教版高中选择性必修 1　洋流问题驱动下的教学设计

教学设计流程

课标要求	运用世界洋流分布图，说明世界洋流的分布规律 [2]
教学目标	1. 了解洋流的定义及分类 2. 通过模拟实验，理解洋流的成因及影响因素 3. 举例说明洋流对地理环境及人类活动的影响 [3]

续表

教学重点和难点	重点：洋流的成因及世界表层洋流的分布规律 难点：洋流对地理环境及人类活动的影响
教学方法	1. 问题式教学法：通过问题链，引导学生主动思考、合作探究，理解洋流形成的基本原理及影响因素 2. 实验教学法：通过实验，学生亲身模拟和观察洋流的形成过程，从而深化对知识点的理解与记忆，提升地理实践综合能力[4] 3. 小组合作法：通过小组讨论，学生相互交流和分享对洋流模拟实验的设计与操作，提高学生的合作能力和思维能力
教学过程	1. 引入新课：1992 年，一艘货轮从香港驶向美国西海岸，在国际日界线附近遭遇了暴风雨。几个集装箱被卷入大海，数万只玩具鸭散落在海面上。随后，全球各地的海岸陆续发现了这些玩具鸭[5] 2. 提出问题： （1）为何这些玩具鸭会出现在世界不同的地方 （2）你能推测他们的漂流轨迹吗 3. 自主学习：学生根据提出的问题，自主查阅资料，了解洋流的定义及分类。 4. 实验教学：通过实验模拟三种成因的洋流，让学生亲身体验和观察洋流的形成过程，加深对知识的理解和记忆 5. 合作探究：通过小组讨论，学生互相分享和概括洋流形成的原因、总结洋流的分布模式以及对地理环境的影响，从而提升他们的协作能力和思考能力 6. 总结归纳：学生总结和归纳洋流的成因、分布规律及其对地理环境的影响 7. 作业布置：布置洋流相关的作业，帮助学生巩固和应用所学知识
教学评价	1. 课堂表现评价：通过观察学生在课堂上的表现，如合作学习中的参与度、交流发言状况等，评价学生的学习情况 2. 作业评价：通过学生作业情况，评价学生对洋流相关知识的理解和应用情况 3. 实验评价：通过观察学生在实验操作中的表现，如操作能力、观察力、分析能力及实验报告的撰写等方面，评价学生对洋流相关知识的掌握情况，提高学生的实验设计能力和操作能力

四、人教版高中选择性必修 1 洋流实验设计

（一）实验设计

实验1

实验名称	洋流（风海流）模拟实验
实验器材	1. 两个透明塑料盒（一个长方形一个圆形） 2. 些许茶叶（或泡沫塑料） 3. 一支黑色马克笔 4. 三根吸管
实验步骤	1. 用黑色马克笔在长方形透明塑料盒底画出 0°、30° N、60° N、90° N 四条纬线并标注相应纬度 2. 将透明塑料盒放置在平稳的台面上，在其内部加入三分之二的水 3. 待容器内水面平静后，在图示区域加入些许茶叶（或泡沫塑料） 4. 在图示三个区域同时用吸管不间断吹气，注意吸管倾角应放置平缓且控制吹气力度相近 5. 观察并记录茶叶（或泡沫塑料）的运动方向 6. 换成圆形容器，重复上述操作 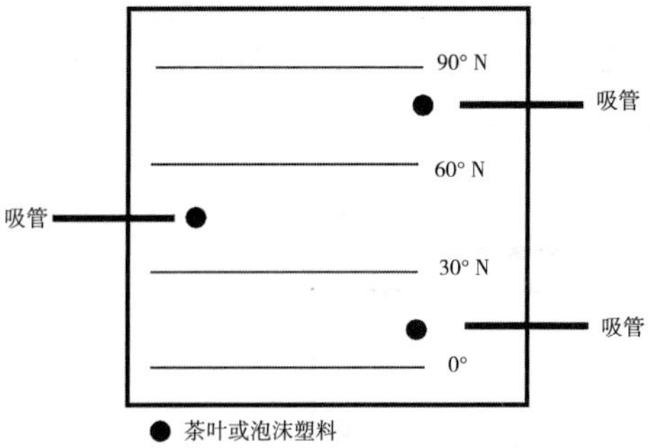
注意事项	1. 实验操作时应注意安全，避免吸管误伤等事故 2. 实验过程中应仔细观察，并保持观察的连续性 3. 实验结束后，及时记录观测结果
预期结果	1. 用吸管吹气后，可以观察到茶叶（或泡沫塑料）顺着吹气的方向自西向东（或自东向西）运动，碰到盒壁后分成左右两支，最终形成了中低纬度顺时针、中高纬度逆时针运动的环流圈 2. 在长方形盒中形成两个长方形环流圈，在圆形盒中形成两个半圆形环流圈

续表

实验分析	通过观察实验现象，可以得出以下结论： 1. 茶叶（或泡沫塑料）在水平方向的运动方向与风向基本保持一致，说明风是形成洋流的主要动力 2. 茶叶（或泡沫塑料）运动过程中碰到盒壁后分成左右两支，说明陆地会影响洋流的流向 3. 在长方形盒中形成两个长方形环流圈，在圆形盒中形成两个半圆形环流圈，说明洋流流向会受到陆地形状（或轮廓）的影响
拓展实验	1. 改变容器的尺寸，观察水体运动的变化 2. 使用不同密度的漂浮物体，观察其运动轨迹的差异
备注	以上是一种简单的高中地理学科洋流（风海流）运动实验设计，希望对你有所帮助！你也可以按照你的思考加以改进

实验2

实验名称	洋流（补偿流）模拟实验
实验器材	1. 一个长方体透明玻璃箱 2. 些许茶叶 3. 一个吹风机
实验步骤	1. 将长方体透明玻璃箱放置在平稳的台面上，在其内部加入三分之二的水 2. 待玻璃箱内水面平静后，在图示区域加入些许茶叶 3. 待茶叶静止后在图示区域用吹风机不间断吹，注意吹风机倾角应放置平缓 4. 观察并记录茶叶的运动方向 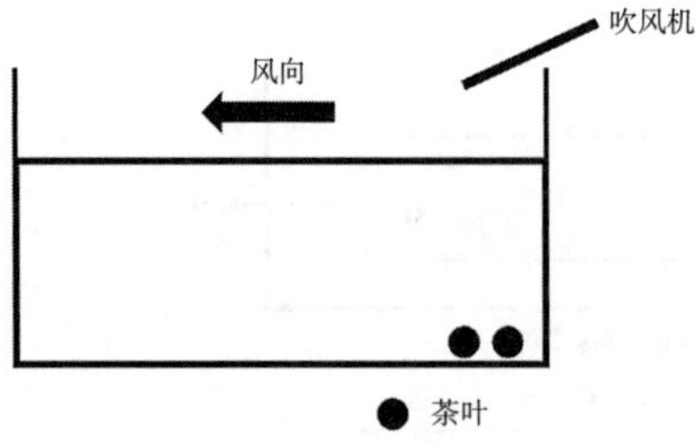 吹风机 风向 茶叶
注意事项	1. 实验操作时应注意安全，避免吹风机使用过程中产生危险 2. 实验过程中应仔细观察，并保持观察的连续性 3. 实验结束后，及时记录观测结果
预期结果	1. 打开吹风机后，可以观察到茶叶从玻璃箱的右侧底部逐渐上升到右侧水体的上面 2. 茶叶上升到右侧水体上面后随风向朝左侧运动

续表

实验分析	通过观察实验现象，可以得出以下结论： 受表层风（离岸风）的吹拂，靠近吹风机一侧水流向容器另一侧，底部的水上升补充，带动茶叶再从玻璃箱的右侧底部上升到水体上面，这种因水体体积的连续性要求所形成的洋流称之为补偿流
拓展实验	1. 改变容器的尺寸或形状，观察水体运动的变化 2. 使用不同密度的漂浮物体，观察其运动轨迹的差异
备注	以上是一种简单的高中地理学科洋流（补偿流）运动实验设计，期待此实验对你的教学有所帮助！你也可以按照你的思考加以改进

实验3

实验名称	洋流（密度流）模拟实验
实验器材	1. 一个长方体透明玻璃箱 2. 一个隔板 3. 一个滴管 4. 红、蓝色墨水各一瓶 5. 一个小勺 6. 一袋盐 7. 一根玻璃棒
实验步骤	1. 将长方体透明玻璃箱放置在平稳的台面上，在其内部加入三分之二的水 2. 将隔板放置在玻璃箱的中间，把箱内水等分成两部分 3. 用滴灌向左侧水体中加入数滴红色墨水，右侧水体中加入数滴蓝色墨水， 4. 用小勺向右侧水体中加入适当盐 5. 用玻璃棒将左右两侧水体搅拌均匀后静置 6. 待水体平静后抽出隔板 7. 观察并记录水体运动状况
实验步骤	

续表

注意事项	1. 实验操作时应注意安全 2. 实验过程中应仔细观察，并保持观察的连续性 3. 实验结束后，及时记录观测结果
预期结果	1. 抽出隔板后，观察到红蓝色水体开始相融，红色水体从上部流向箱体右侧，蓝色水体从下部流向箱体左侧 2. 一段时间后，红蓝色水形成明显分层，红色水在上，蓝色水在下
实验分析	通过观察实验现象，可以得出以下结论： 1. 密度大的水体在下，密度小的水体在上 2. 不同密度的水体发生交换时，表层水体与底层水体的运动方向不同。底层水体由大密度流向小密度，表层水体由小密度流向大密度
拓展实验	1. 改变容器的尺寸或形状，观察水体运动的变化 2. 改变两侧水体的密度差异，观察水体运动的变化
备注	以上是一种简单的高中地理学科洋流（密度流）运动实验设计，希望对你有所帮助！你也可以按照你的思考加以改进

（二）实验观察记录

实验1观察记录表

实验小组		成员姓名	
实验目的	通过实验模拟，理解洋流的影响因素及风海流的形成原理		
实验仪器及材料	两个透明塑料盒（一个长方形一个圆形）、黑色马克笔、三根吸管、些许茶叶（或泡沫塑料）		
实验步骤			

续表

观察结果	
结果分析	
备注	表格在教师指导下由学生观察记录

实验2观察记录表

实验小组		成员姓名	
实验目的	通过实验模拟，理解补偿流的形成原理		
实验仪器及材料	一个长方体透明玻璃箱、一个吹风机、水、茶叶		
实验步骤			

续表

观察结果	
结果分析	
备注	表格在教师指导下由学生观察记录

实验3观察记录表

实验小组		成员姓名	
实验目的	通过实验模拟，理解密度流的形成原理		
实验仪器及材料	长方体透明玻璃箱、隔板、滴管、搅拌棒、红色和蓝色墨水、小勺、盐		
实验步骤			

续表

观察结果	
结果分析	
备注	表格在教师指导下由学生观察记录

五、人教版高中选择性必修 1　洋流教学评价

（一）学生课堂评价

学生课堂评价量表（表一）

学生姓名		班级		
评价维度	评价内容及分值			赋分
学生参与度	1. 学生是否积极参与课堂讨论和提问（1 分） 2. 学生是否能够主动提出自己的观点和想法（1 分） 3. 学生是否能够积极参与小组讨论和合作学习（1 分）			
问题解决能力	1. 学生是否能够理解并解决课堂中提出的问题（1 分） 2. 学生是否能够独立思考并提出自己的解决方案（1 分） 3. 学生是否能够运用所学知识解决实际问题（1 分）			

续表

评价维度	评价内容及分值		赋分
知识掌握程度	1. 学生是否能够理解并掌握课堂中所讲授的知识点（1分） 2. 学生是否能够运用所学知识解决相关问题（1分） 3. 学生是否能够将所学知识与实际生活相结合（1分）		
课堂表现	1. 学生是否能够遵守课堂纪律，不打扰其他学生学习（1分） 2. 学生是否能够积极参与课堂活动，不消极对待（1分） 3. 学生是否能够尊重老师和同学，不发表不适当言论（1分）		
总分	12分	得分	
注	以上评价量表仅供参考，具体评价标准可以根据实际情况进行调整		

（二）学生作业评价

学生作业评价量表（表二）

学生姓名		班级		学校	
评价项目	评价内容		评价标准		赋分
知识掌握	1. 洋流的基本概念 2. 洋流的分类及形成过程 3. 洋流的分布规律		1. 能够准确理解并说出洋流的基本概念和分类（5分） 2. 能够分析和解释风海流、密度流、补偿流的形成原理和过程（5分） 3. 能够说出世界表层洋流的分布规律并画出“北8南0”洋流模式图（5分）		
应用能力	1. 解释实际生活中的现象 2. 分析与预测海洋环境变化 3. 分析和解决实际问题，如海上航行路线和时间的选择		1. 能够运用洋流相关知识，解释实际生活中的相关现象，如：为什么在北极圈内的摩尔曼斯克港终年不冻（5分） 2. 能够应用洋流相关知识分析和预测海洋环境变化，如：日本核废水排放对哪些国家的海洋环境影响较大（5分） 3. 能够应用洋流相关知识，解决实际问题，如：设计将南极冰川运往沙特阿拉伯的海上航行路线（5分）		

续表

评价项目	评价内容	评价标准		赋分
思维能力	1. 探究洋流的成因及影响因素 2. 思考并分析洋流的相关现象 3. 评价并创新洋流的相关实践活动	1. 能够运用问题驱动的学习方法，主动探究洋流的成因及影响因素（5 分） 2. 能够运用逻辑思维和分析思维，对洋流的相关现象和问题进行深入地思考和分析（5 分） 3. 能够运用创新思维和批判思维，对洋流的理论和实践进行独立地思考和评价（5 分）		
情感态度	1. 对地理科学的热爱和兴趣 2. 对环境问题的关注和责任感 3. 对科学方法的尊重理解	1. 具有对地理科学的热爱和兴趣，愿意主动学习和探究洋流的成因（5 分） 2. 具有对环境问题的关注和责任感，愿意运用洋流的原理和方法，解决实际的地理问题（5 分） 3. 具有对科学方法的尊重和理解，愿意运用问题驱动的学习方法，提高自己的科学素养和创新能力（5 分）		
备注	本评价量表的总赋分值为 60 分		得分总计	

（三）实验教学评价

实验教学学生评价量表（表三）

学生姓名		班级	
评价维度	评价标准		赋分
实验准备	1. 学生是否提前预习并准备好实验材料和设备（5 分） 2. 是否了解实验目的和步骤（5 分） 3. 是否能够独立完成实验操作（5 分）		
实验操作	1. 学生是否能够按照实验步骤进行操作（5 分） 2. 是否能够正确使用实验设备（5 分） 3. 是否能够记录实验数据和观察结果（5 分）		
实验分析	1. 学生是否能够根据实验数据和观察结果进行分析(5 分) 2. 是否能够理解实验现象和原理（5 分） 3. 是否能够提出自己的解释和观点（5 分）		

续表

评价维度	评价标准		赋分
实验报告	1. 学生是否能够撰写实验报告（5 分） 2. 是否能够清晰、准确地描述实验过程和结果（5 分） 3. 是否能够提出自己的结论和建议（5 分）		
实验态度	1. 学生是否积极参与实验（5 分） 2. 是否尊重实验规则和安全规定（5 分） 3. 是否能够与他人合作完成实验（5 分）		
实验创新	1. 学生是否能够提出自己的实验改进方案（5 分） 2. 是否能够尝试不同的实验方法和设备（5 分） 3. 是否能够发现新的实验现象和规律（5 分）		
实验评价	1. 教师是否能够公正、客观地评价学生的实验表现（5 分） 2. 是否能够及时给予学生、具体的反馈和建议（5 分） 3. 是否能够鼓励学生进行自我评价和反思（5 分）		
总分		教师签名	
备注	本表总分为（105 分），这只是一份参考评价量表，具体评价标准和权重可以根据实际情况进行调整		

人教版高中地理必修 1　月相问题驱动下的观测活动设计

一、观测在地理教学中的意义

在我国新一轮的高中地理课程改革中，为落实立德树人的根本任务，教育部颁布了新版的《普通高中地理课程标准》(2017年版2020年修订)，凝练了人地协调观、综合思维、区域认知和地理实践力四大地理学科核心素养[1]。其中，地理实践力是地理学科与其他学科相比，最特别的一项学科核心素养，也是本次地理课程改革的一个重要方面。如何在教学中培养学生的地理实践力素养，开展观测活动无疑是一种绝佳的方式。尤其对于一些抽象的天文现象的学习，比如月相，观测活动更是起到了至关重要的作用。

（一）加深学生对月相的理解和认识

在月相教学中，学生需要理解新月、盈凸月、上弦月、残月等概念，这些概念比较抽象，仅通过书本介绍和教师口头讲授学生难以理解。通过实地观测，学生能够直接用肉眼观察到月相的变化，从而帮助理解月相的成因，提高学习效果。

（二）培养学生的创新思维和实践能力

观测活动是一种创新性的学习方式，观测活动中可以让学生自主设计观测方案、选择观测地点和观测设备、分析观测结果等，这有利于学生创新思维和实践能力的培养，为学生未来的学习和工作奠定坚实基础。

（三）提高学生对地理学科的兴趣和热情

当学生对某种事物感兴趣时，就会激发他们强烈的好奇心、探索欲和求知欲，生动有趣的观测活动无疑是激发学生地理学习兴趣的有效方法。观测活动能让学生身临其境地感受大自然的神奇奥妙，体会到理论与实践相结合的学习乐趣，从而提高学生对地理学科的兴趣和热情。

（四）提高学生的综合素质

在观测活动中，学生需要持续一个月观测和记录月亮水平方向、月亮高度角、月亮形状等，这需要学生具备细致的观察能力与坚持不懈的毅力。根据观测结果并结合所学知识，学生要理解并解释月相产生变化的原因，这需要学生具备清晰的思维能力、严谨的分析能力。通过这一过程，学生们不仅可以更好地发现、分析和解决问题，而且还可以有效地提升他们的综合素质。

总的来说，观测在月相教学中具有重要意义。教师应该在月相教学中充分开展观测活动，提高教学效果。

二、人教版高中地理必修 1　月相教学中开展观测活动的要求

（一）做好观测前准备工作

1. 设计观测活动，明确小组任务，并合理安排小组内部的分工。

2. 选取合适的观测地点，确定合适的参照物以便确定月亮的方位。配备指南针以便确定方向。

3. 介绍月亮高度角的简单估算方法。

（二）**组织实地观测并记录**

1. 各小组按照分工，开展实地观测活动[2]。利用肉眼直接观测，结合指南针、参照物及高度角估算方法等进行记录。

2. 教师通过一定的方式，及时对学生进行指导，并与学生交流和合作。

3. 在观测过程中，各小组可交流信息、相互帮助。

（三）**总结观测结果**

各小组将记录的数据整理、归纳，总结月亮位置和形状的逐日变化。教师及时对各小组的观察流程及结果进行评价。评价内容应包括前期准备工作、安全注意事项、记录观测内容、存在的主要问题等方面。

三、人教版高中地理必修 1　月相问题驱动下的教学设计

课标要求	根据图像资料，结合天文观测活动，描述各类天体的特点以及天体系统的层次[3]
教学目标	1. 通过月相观测活动，记录月亮位置和月亮形状的逐日变化，总结月相的变化规律并分析原因[4] 2. 通过月相观测活动，理解天文现象与人类活动的密切相关性，形成关注生活、关注区域的意识 3. 通过月相观测活动，提高学生对地理学科的兴趣和对宇宙的探索热情，培养学生的地理实践素养
教学重点和难点	月相的变化规律与成因探究
教学方法	1. 问题驱动教学法：通过提出一系列月相相关问题，引导学生自主探究，发现和理解月相的变化规律和成因 2. 观测教学法：通过观测活动，学生亲自观测月亮位置和月亮形状的逐日变化，加深对月相变化规律及原因的理解和记忆 3. 小组合作法：通过小组合作，设计观测活动方案，明确观测任务，合理进行组内分工，提高学生的合作能力和地理实践力

续表

教学过程	1. 引入新课：通过展示一些关于月相的诗句、图片或视频，引导学生思考月相产生变化的原因 2. 提出系列问题： （1）为什么诗句（或图片、视频）中的月亮的形状都不一样 （2）你观察过月亮形状的变化吗？其变化有什么规律吗 （3）为什么太阳只会把月球的一个面照亮[5] （4）月球是如何运动的？月球是如何围绕地球转动的 （5）地球、月亮、太阳三者之间的相对位置有什么关系[6] （6）现在我们认识了各种月相，那么你能结合所学内容解释月相发生变化的原因吗 3. 自主探究：让学生根据提出的问题，自主查阅资料，进行思考和讨论，总结月相变化的规律及原因 4. 观测教学：通过观测活动，让学生亲自肉眼观测月亮位置和月亮形状的逐日变化，加深对月相变化规律及原因的理解和记忆 5. 小组合作：通过小组合作，设计观测活动方案，明确观测任务，合理进行组内分工，提高学生的合作能力和地理实践力 6. 总结归纳：学生总结和归纳月相的变化规律，结合所学分析月相产生变化的原因，并能解释相关地理现象 7. 作业布置：布置一些与月相相关的作业，帮助学生巩固和应用所学知识
教学评价	1. 课堂表现评价：通过观察学生在课堂上的表现，如合作学习中的参与度、交流发言状况等，评价学生的学习情况 2. 作业评价：通过学生作业情况，评价学生对月相相关知识的理解和应用情况 3. 活动评价：通过学生在观测活动中的表现，如观测次数、观察能力、记录能力、分析能力及观测报告的撰写等方面，评价学生对活动表现和月相相关知识的掌握情况，提高学生的合作能力与地理实践能力

四、人教版高中地理必修1　月相观测活动设计

（一）观测活动设计

活动名称	月相观测
观测用具	指南针、手表、笔、观测记录表
观测步骤	1. 确定观测地点：选择视野开阔、安全的观测地点（为确保学生安全和方便，一般选在学校操场或家庭所在小区） 2. 确定月亮位置：在选定的视野开阔的地方，用指南针确定东、西、南、北方向。选择地面标志性建筑物，作为月亮水平方位的参照[7] 3. 确定月亮高度角：月亮的高度角可用拳头进行估算，水平伸直，一只手臂为0°基准面握拳，其上叠放另一只手的拳头，一只拳头的高度角约为10°，保持手臂稳定不动，依次将下面的手抽出，叠放在上面，直到视线、拳头和月亮三者重合，据此估算月亮的高度角[8]（如图）  4. 在某月农历初一到月末，完整一月内同一时间观察并记录月亮的位置和形状 5. 描绘观测期内同一时间月亮在天空中的位置和形状的变化 6. 总结观测结果 7. 分析观测结果
注意事项	1. 观测时应注意安全 2. 观测过程中应仔细观察，并保持观察的连续性 3. 观测结束后，及时记录观测结果

续表

预期结果	1. 一个月中同一时刻月亮的位置和前一天有所不同 2. 一个月中同一时刻并不能都观测到月亮 3. 在同一天，月亮在天空中的变化方向大致是由东向西移动，月亮高度角的变化呈现出由低到高，再由高到低。水平方位角由西向东变化 4. 月相变化也是有规律的，其变化周期约为 30 天。月相经历了由新月—蛾眉月—上弦月— 盈凸月—满月—亏凸月—下弦月—残月—新月这样一个过程 [9]
观测结果分析	1. 月球本身不发光、不透明，通过反射太阳光而发光，但太阳光只能照射到月球的一半。因为月球的自转与公转同步，所以月球始终以同一面朝向地球 [10] 2. 月球不停地绕着地球公转，地球在自转的同时也绕着太阳公转。因此，月球、地球和太阳三者之间的位置在不断发生变化。我们从不同的角度上看到月球被太阳直接照射的部分，就是月相。正因如此，我们在地球上看到的月相不同 [11]，呈周期性变化，如图所示 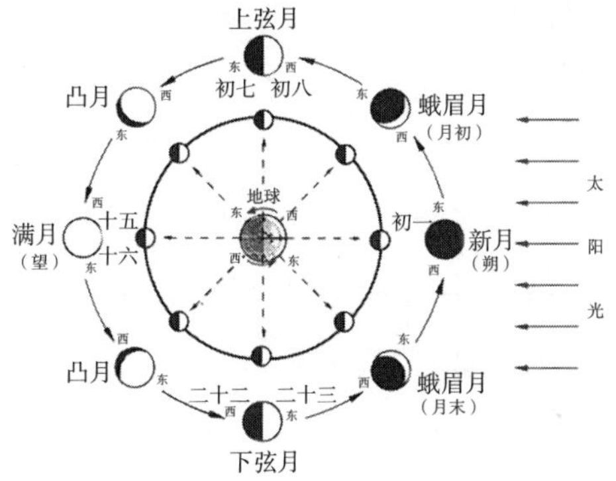
活动拓展	1. 通过查阅资料，小组自行拟定不同的观测时间，提高观测的有效性 2. 通过虚拟星象仪软件（Stellarium）观察当地月相变化

（二）观测活动记录

观测活动记录（表一）

活动名称	月相观测		
活动目的	记录月亮位置和月亮形状的逐日变化，总结月相的变化规律并分析原因		
观测用具	指南针、观测记录表		
班级		小组组长	

续表

小组成员及分工	活动设计	
	活动观察与记录	
	查找、收集资料	
	观测结果分析	
	撰写报告	

日期		天气	观测时间	观测地点	观测项目			
公立	农历				月亮水平方位	月亮高度角	月相图	月面朝向
日期		天气	观测时间	观测地点	观测项目			
公立	农历				月亮水平方位	月亮高度角	月相图	月面朝向

续表

观测结果								
结果分析								
注意	观测需要固定在每天的同一时间，精确到几点几分 若某天没有观测到月亮，请注明原因							

五、人教版高中地理必修 1　月相教学评价

（二）学生课堂评价

学生课堂评价量表（表二）

学生姓名		班级		
评价维度	评价内容及分值			赋分
学生参与度	1. 学生是否积极参与课堂讨论和提问（1 分） 2. 学生是否能够主动提出自己的观点和想法（1 分） 3. 学生是否能够积极参与小组讨论和合作学习（1 分）			
解决问题的能力	1. 学生是否能够理解并解决课堂中提出的问题（1 分） 2. 学生是否能够独立思考并提出自己的解决方案（1 分） 3. 学生是否能够运用所学知识解决实际问题（1 分）			
知识掌握程度	1. 学生是否能够理解并掌握课堂中所讲授的知识点（1 分） 2. 学生是否能够运用所学知识解决相关问题（1 分） 3. 学生是否能够将所学知识与实际生活相结合（1 分）			
课堂表现	1. 学生是否能够遵守课堂纪律，不打扰其他学生学习（1 分） 2. 学生是否能够积极参与课堂活动，不消极对待（1 分） 3. 学生是否能够尊重老师和同学，不发表不适当言论（1 分）			
总分	12 分	得分		
备注	以上评价量表仅供参考，具体评价标准可以根据实际情况进行调整			

（二）学生作业评价

学生作业评价量表（表三）

学生姓名		班级		学校	
评价项目	评价内容		评价标准		赋分
知识掌握	1. 月相的基本概念 2. 月相的规律 3. 月相的成因		1. 能够准确理解并说出月相的基本概念（5 分） 2. 能够说出月相在一个月内的变化规律（5 分） 3. 能够解释月相产生变化的原因（5 分）		

续表

评价项目	评价内容	评价标准	赋分
应用能力	1. 解释月相相关现象 2. 分析和预测某日的月相情况	1. 能够运用月相相关知识，解释相关现象，如诗句“小时不识月，呼作白玉盘”“可怜九月初三夜，露似真珠月似弓”描述的分别是什么月相（5 分） 2. 能够应用月相相关知识分析和预测某日的月相情况，如：推测未来一周内月升月落的时间以及月面的形状及朝向（5 分）	
思维能力	1. 探究月相的成因及规律 2. 思考和分析月相的相关现象 3. 评价和创新月相观测活动	1. 能够运用问题驱动的学习方法，主动探究月相的规律及成因（5 分） 2. 能够运用逻辑思维和分析思维，对月相的相关现象和问题进行深入地思考和分析（5 分） 3. 能够运用创新思维和批判思维，对观测月相的实践活动进行独立思考和评价（5 分）	
情感态度	1. 对地理科学的热爱和兴趣 2. 对地理现象和问题的关注和责任感 3. 对科学方法的尊重理解	1. 具有对地理科学的热爱和兴趣，愿意主动学习和探究月相的成因（5 分） 2. 具有对地理现象和问题的关注和责任感，愿意运用月相的原理和方法，解决实际的地理问题（5 分） 3. 具有对科学方法的尊重和理解，愿意运用问题驱动的学习方法自主探究，提高自己的科学素养和创新能力（5 分）	
备注	本评价量表的总赋分值为 55 分	得分总计	

（三）小组观测活动评价

小组观测活动评价量表（表四）

小组		班级	
评价维度	评价标准		赋分
活动准备	1. 是否提前预习并准备好观测材料和设备（5 分） 2. 是否了解活动的目的和步骤（5 分） 3. 是否提前查阅相关资料（5 分） 4. 是否在组内进行明确的分工（5 分）		

续表

评价维度	评价标准		赋分
活动观测	1. 是否能够按照活动步骤进行观测活动（5分） 2. 是否能够正确使用活动所需设备（5分） 3. 是否能够正确记录观测数据和观测结果（5分）		
结果分析	1. 是否能够根据观测数据和观测结果进行分析（5分） 2. 是否能够理解观测结果（5分） 3. 是否能够提出自己的解释和观点（5分）		
报告撰写	1. 是否能够撰写完整的观测报告（5分） 2. 是否能够清晰、准确地描述观测结果（5分） 3. 是否能够提出自己的结论和建议（5分）		
合作态度	1. 是否积极参与活动（5分） 2. 是否遵守活动规则和安全规定（5分） 3. 是否能够团结合作，顺利完成观测活动（5分）		
活动创新	1. 是否能够发现活动中存在的问题（5分） 2. 是否能够提出问题的解决方法（5分） 3. 是否能够提出活动的改进方案（5分） 4. 是否能够实施改进的活动方案（5分）		
总分		教师签名	
备注	本表总分为（100分），这只是一份参考评价量表，具体评价标准和权重可以根据实际情况进行调整		

人教版高中地理选择性必修1
正午太阳高度角问题驱动下的观测活动设计

一、观测在地理教学中的意义

在我国新一轮的高中地理课程改革中，为落实立德树人的根本任务，教育部颁布了新版的《普通高中地理课程标准》(2017年版2020年修订)，凝练了人地协调观、综合思维、区域认知和地理实践力四大地理学科核心素养[1]。其中，地理实践力是地理学科与其他学科相比，最特别的一项学科核心素养，也是本次地理课程改革的一个重要方面。教师可以指导学生通过开展实地调查、测量绘制、模拟实验、地理绘图、角色扮演、地理辩论演讲等培养学生的地理实践力素养。对于高中地理人教版选择性必修1有关地球运动的一些抽象的天文现象的学习，比如正午太阳高度角，采用实地观测活动进行研究性学习尤为重要。

（一）增强学生对正午太阳高度角的理解和认识

在正午太阳高度角的教学过程中，学生需要理解关于太阳高度角、正午太阳高度角的定义还有其随纬度和季节变动的基本规律。这些概念尤其是规律比较抽象，仅通过书本介绍和教师口头讲授学生难以理解或者容易忘记。通过进行实验观察，学生能够深入理解正午太阳高度角的相关知识，从定性分析转向定量观测，由直观感知上升到理性分析，显著增强了学习效果。

（二）培养学生学科融合的综合能力

学科融合教育强调学生在学习中不能只注重某一学科的知识，而是将不同学科的知识与技能相互联系与结合，实现知识的迁移应用与融会贯通。在正午太阳高度角观测活动中，需要用到地理、数学、物理、通用技术等学科知识，这有利于培养学生学科融合的综合能力。

（三）培养学生的创新思维和实践能力

观测活动是一种创新性的学习方式，观测活动中可以让学生自主设计观测方案、选择观测地点和观测设备、分析观测结果等，这有利于学生创新思维和实践能力的培养，为学生未来的学习和工作奠定坚实基础。

（四）提高学生对地理学科的兴趣和热情

当学生对某种事物感兴趣时，就会激发他们强烈的好奇心、探索欲和求知欲，生动有趣的观测活动无疑是激发学生地理学习兴趣的有效方法。观测活动能让学生身临其境地感受大自然的神奇奥妙，体会到理论与实践相结合的学习乐趣，从而提高学生对地理学科的兴趣和热情。

总的来说，观测在正午太阳高度角教学中具有重要意义。教师应该在教学中充分开展观测活动，提高教学效果。

二、人教版高中地理选择性必修 1《正午太阳高度角》教学中开展观测活动的要求

（一）做好观测前准备工作

1. 做好观测活动设计，明确观测任务，合理进行组内分工。

2. 选取合适的观测地点，配备指南针以便确定方向。

3. 介绍正午太阳高度角的测算方法。

（二）组织实地观测并记录

1. 各小组按照分工，开展实地观测活动[2]。

2. 教师通过一定的方式，实时对学生进行指导，并与学生交流和合作。

3. 在观测过程中，各小组可交流信息，相互帮助。

（三）总结观测结果

各小组将记录的数据整理、归纳，总结正午太阳高度角的变化。教师及时对各小组的观测流程及结果进行评价。评价内容应包括前期准备工作、安全注意事项、记录观测内容、存在的主要问题等方面。

三、人教版高中地理选择性必修 1　正午太阳高度角问题驱动下的教学设计

教学设计流程

课标要求	“结合实例，说明地球运动的地理意义”，其地理意义之一就是太阳直射点的南北移动引起正午太阳高度角的大小随纬度和季节而变化，进而对人类生活生产产生诸多影响[3]
教学目标	1. 通过观测活动求出正午太阳高度角和当地经纬度，理解太阳高度角对人类生产、生活的影响[4] 2. 通过活动，将知识与学生的日常生活紧密连接，深入学习生活中的地理知识，培养他们对生活和区域的关注意识 3. 通过观测活动，提高学生对地理学科的兴趣和对大自然现象的探索热情，培养学生的地理实践素养 4. 通过小组合作完成观测活动，培养沟通交流、团结协作的合作能力
教学重点和难点	正午太阳高度角和当地经纬度的测算 正午太阳高度角的变化规律及对人类生产、生活的影响[5]

续表

教学方法	1.问题驱动教学法:通过提出一系列正午太阳高度角相关问题,引导学生自主探究,发现和理解正午太阳高度角的变化规律及对人类生产、生活的影响[6] 2.观测教学法:通过观测活动,学生亲自观测正午太阳高度角的变化,加深对正午太阳高度角变化规律的理解和记忆[7] 3.小组合作法:通过小组合作,做好观测活动设计,明确观测任务,合理进行组内分工,提高学生的合作能力和地理实践力
教学过程	1.引入新课:通过展示教师拍摄的学校旗杆在一天中影子长短不同的一组照片,引导学生思考影子长短产生变化的原因,引出正午太阳高度角的概念 2.提出系列问题: (1)为什么旗杆影子的长短在一天中会发生变化 (2)你观察过旗杆(或任何物体)影子长短的变化吗?其一日内的变化有什么规律 (3)你观察过在一年中正午太阳照进教室(或自家阳台)的面积变化吗?其变化有什么规律吗 (4)影子的长短和方向与太阳高度角有什么关系 (5)你能设计观测实验测定某一日的正午太阳高度角吗 (6)你能应用太阳高度角相关知识解释生活中其他的相关现象吗?比如:为什么我国南方城市的楼间距普遍比北方城市的小 3.自主探究:让学生根据提出的问题,自主查阅资料,进行思考和讨论,总结正午太阳高度角的变化规律及对人类生产、生活的影响 4.观测教学:通过观测活动,让学生亲自测算正午太阳高度角和当地经纬度,加深对正午太阳高度角的理解与记忆,培养地理实践能力 5.小组合作:通过小组合作,做好观测活动设计,明确观测任务,合理进行组内分工,提高学生的合作能力和地理实践力 6.总结归纳:学生总结和归纳正午太阳高度角和当地经纬度的测算方法,结合所学分析正午太阳高度角的纬度和季节变化规律,并能应用所学解释相关地理现象 7.作业布置:布置一些与正午太阳高度角相关的作业,帮助学生巩固和应用所学知识
教学评价	1.课堂表现评价:通过观察学生在课堂上的表现,如合作学习中的参与度、交流发言状况等,评价学生的学习情况 2.作业评价:通过学生作业情况,评价学生对正午太阳高度相关知识的理解和应用情况 3.活动评价:通过学生在观测活动中的表现,如观测次数、观察能力、记录能力、分析能力及观测报告的撰写等方面,评价学生对活动表现和月相相关知识的掌握情况,提高学生的合作能力与地理实践能力

四、人教版高中地理选择性必修 1　正午太阳高度观测活动设计

观测活动设计

活动名称	正午太阳高度观测
活动用具	指南针、卷尺、铅垂线（或三角尺）、竹竿（或铁棍等直立器物）手表、笔、计算器、观测记录表
活动步骤	1. 确定观测时间：为了降低误差，可选取二分日或者二至日进行观测 2. 确定观测地点：选择视野开阔、光照充足、环境安全的观测地点，用粉笔在地上标记立杆点 O（为确保学生安全和小组合作方便，一般选在学校广场或者操场） 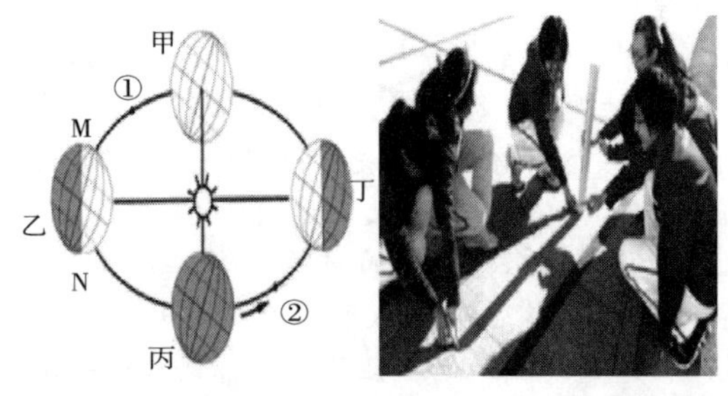 3. 确定正北方向：将指南针放在标记点 O，利用指南针确定正北方向，用粉笔在正北方向的地上标记一点 A，利用直尺连接观测点 O 和 A 点得到一条线段 OA。 4. 立杆：将竹竿（长度记为 I）垂直固定在标记点 O（利用铅垂线或三角尺确保其垂直于地面） 5. 观测：观察竿影在一天中不同时间的长度并用卷尺测量记录（可每隔 2 小时观察记录一次），中午时应连续观测，当竿影刚好与线段 OA 重合时（竿影落在 OA 的延伸线上即可，影长不一定和 OA 一样长），即为当地的地方时 12 点，记录此时的北京时间（记为 T），并测量此时的影长（注意是影长而不是 OA 的长度）记为 L[8]。 6. 利用公式 tanH= 竹竿长度 I/ 竹竿影长 L 计算正午太阳高度角 H 的大小 7. 利用公式：$H=90° -\|\alpha \pm \beta\|$（α 为当地纬度，β 为直射点纬度），计算当地纬度 α 8. 计算当地经度：当地经度 =120° ±[|T−12：00|/4]（±：当地在北京以东，取“+”，当地在北京以西，取“−”）[9]

续表

注意事项	1. 观测时确保没有任何物体遮挡太阳光 2. 观测时应注意安全，避免直视太阳，伤害眼睛 3. 观测过程中应仔细观察，多次测量取平均值以降低误差 4. 及时记录观测结果
预期结果	1. 竹竿影子的朝向与太阳所在方位相反 2. 一天中竹竿影子的长短会发生变化，规律为随着时间由早到晚影子先变短后变长 3. 一天中正午时刻，即地方时 12 时影子最短
观测结果分析	1. 太阳光线与地平面的夹角叫作太阳高度角，一天中，从日出到日落，太阳高度角由小变大再变小，因此竹竿的影长由长变短再变长 2. 一天中正午时刻太阳高度角达到一天中的最大值，即为正午太阳高度角，因此正午时刻影子最短
活动拓展	1. 小组自行选定具体观测日期（不局限于二分二至日），提高观测的广泛适用性 2. 加长观测周期，在不同季节选取合适时间进行为期一年的连续观测，对比分析一年的数据

观测活动记录

正午太阳高度角观测					
活动目的	记录竹竿影长及方向一日内的变化，据此推算某日当地的正午太阳高度角大小及当地的经纬度，分析正午太阳高度角的变化规律				
活动用具	指南针、卷尺、铅垂线（或三角尺）、竹竿（或铁棍等直立器物）手表、笔、计算器、观测记录表				
班级		小组组长			
小组成员及分工			活动设计		
	活动实施				
	活动观察与记录				
	观测结果分析				
	撰写报告				

续表

观测编号	观测时间	观测地点 竿影长度	竹竿长度	观测项目			太阳高度角
			竿影方向		太阳方位		
1							
2							
3							
4							
5							
6							
7							
8							
9							
10							
观测结果	观察现象						
	当地经纬度计算 经度	纬度					
结果分析							

五、人教版高中地理选择性必修 1　正午太阳高度教学评价

学生课堂评价

学生姓名		班级		
评价维度	评价内容及分值			赋分
学生参与度	1. 学生是否积极参与课堂讨论和提问（1 分） 2. 学生是否能够主动提出自己的观点和想法（1 分） 3. 学生是否能够积极参与小组讨论和合作学习（1 分）			

续表

问题解决能力	1. 学生是否能够理解并解决课堂中提出的问题（1分） 2. 学生是否能够独立思考并提出自己的解决方案（1分） 3. 学生是否能够运用所学知识解决实际问题（1分）		
知识掌握程度	1. 学生是否能够理解并掌握课堂中所讲授的知识点（1分） 2. 学生是否能够运用所学知识解决相关问题（1分） 3. 学生是否能够将所学知识与实际生活相结合（1分）		
课堂表现	1. 学生是否能够遵守课堂纪律，不打扰其他学生学习（1分） 2. 学生是否能够积极参与课堂活动，不消极对待（1分） 3. 学生是否能够尊重老师和同学，不发表不适当言论（1分）		
总分	12分	得分	
备注	以上评价量表仅供参考，具体评价标准可以根据实际情况进行调整		

学生作业评价

学生姓名		班级		学校		
评价项目	评价内容		评价标准			赋分
知识掌握	1. 太阳高度角基本概念 2. 太阳高度角的变化规律		1. 能够准确理解并说出太阳高度角和正午太阳高度角的基本概念（5分） 2. 能够根据观测结果说出太阳高度角在一天内的变化规律（5分）			
应用能力	1. 太阳高度角的计算 2. 当地经纬度的计算 3. 相关现象解释		1. 能够根据观测结果正确计算出当地不同时刻的太阳高度角（5分） 2. 能够根据观测数据并结合所学正确计算出当地的经纬度（5分） 3. 能够应用正午太阳高度角知识进行相关现象的解释，如：为什么我国南方城市的楼间距普遍比北方城市的小（5分）			
思维能力	1. 探究正午太阳高度角 2. 思考和分析太阳高度角的相关现象 3. 评价和创新正午太阳高度角观测活动		1. 能够运用问题驱动的学习方法，主动探究太阳高度角相关知识（5分） 2. 能够运用逻辑思维和分析思维，对太阳高度角的相关现象和问题进行深入思考和分析（5分） 3. 能够运用创新思维和批判思维，对观测正午太阳高度角的实践活动进行独立思考和评价(5分)			

续表

情感态度	1. 对地理科学的热爱和兴趣 2. 对地理现象和问题的关注和责任感 3. 对科学方法的尊重理解	1. 具有对地理科学的热爱和兴趣，愿意主动学习和探究正午太阳高度角的规律及影响（5分） 2. 具有对地理现象和问题的关注和责任感，愿意运用正午太阳高度角的相关知识，解决实际地理问题（5分） 3. 具有对科学方法的尊重和理解，愿意运用问题驱动的学习方法自主探究，提高自己的科学素养和创新能力（5分）	
注	本评价量表的总赋分值为55分	得分总计	

小组观测活动评价

小组		班级	
评价维度	评价标准		赋分
活动准备	1. 是否提前预习并准备好观测材料和设备（5分） 2. 是否了解活动的目的和步骤（5分） 3. 是否提前查阅相关资料（5分） 4. 是否在组内进行明确的分工（5分）		
活动观测	1. 是否能够按照活动步骤进行观测活动（5分） 2. 是否能够正确使用活动所需设备（5分） 3. 是否能够正确记录观测数据和观测结果（5分）		
结果分析	1. 是否能够根据观测数据和观测结果进行分析（5分） 2. 是否能够理解观测结果（5分） 3. 是否能够提出自己的解释和观点（5分）		
报告撰写	1. 是否能够撰写完整的观测报告（5分） 2. 是否能够清晰、准确地描述观测结果（5分） 3. 是否能够提出自己的结论和建议（5分）		
合作态度	1. 是否积极参与活动（5分） 2. 是否遵守活动规则和安全规定（5分） 3. 是否能够团结合作，顺利完成观测活动（5分）		
活动创新	1. 是否能够发现活动中存在的问题（5分） 2. 是否能够提出问题的解决方法（5分） 3. 是否能够提出活动的改进方案（5分） 4. 是否能够实施改进的活动方案（5分）		
总分		教师签名	
备注	本表总分为（100分），这只是一份参考评价量表，具体评价标准和权重可以根据实际情况进行调整		

人教版高中必修地理 1　土壤问题驱动下的教学设计及实验案例

一、高中地理学科人教版必修地理 1　土壤问题驱动下的教学设计

教学设计流程

课标要求	课程标准要求学生通过野外观察或运用土壤标本，说明土壤的主要形成因素。[1] 本节主要以案例探究的方式，介绍土壤观察的内容和方法，通过实际观察、野外实习、活动探究等方式，对土壤的主要形成因素进行分析，对土壤的功能和养护进行探究，对土壤观察的地理实践能力进行训练
教学目标	1. 了解土壤的组成、颜色、质地及剖面构造，通过实地观察或利用土壤标本，掌握观察土壤的基本内容和方法。（地理实践力） 2. 运用图文资料说明土壤的主要形成因素，并结合观察活动对常见的土壤现象作出相应的解释。（综合思维） 3. 结合实例了解土壤养护的作用与方法，明白土壤养护工作的重要意义。（区域认知、人地协调观）[2]
教学重点和难点	重点：土壤的主要形成因素； 难点：土壤的质地和剖面构造；
教学方法	1. 情境教学法：通过情境问题的设置，激发学生学习的兴趣，解决实际生活中存在的问题，从而引出所学的内容 2. 实验教学法：通过实验，让学生认识土壤淋溶现象的产生以及土壤淋溶层的形成过程，提高实践操作能力 3. 实地观测法：通过实地观测了解土壤的颜色、质地、土壤剖面构造的含义、形成原因及其对农业生产的影响，培养学生地理研究和实践能力 4. 活动教学法：通过模拟家庭养花的活动，让学生了解土壤的组成、土壤肥力的形成及其对种植活动的影响
教学过程	1. 导入新课：播放北京社稷坛五色土介绍视频，引导学生思考北京社稷坛五色土是指哪些土壤，它们为何要这样布局，创设情境激发学生学习兴趣 2. 学习土壤定义：教师展示植物、花盆及土壤组成要素道具，让学生通过选择种花所需土壤搭配，理解土壤定义并学会选择土壤 3. 观察土壤颜色：老师将典型的土壤标本展示出来，引导学生对土壤标本的颜色进行观察，并对土壤颜色形成的原因进行判断和分析 4. 观察土壤质地：教师展示砂土、壤土和黏土样品，组织学生观察和现场测试三种土壤的质地特征，并思考它们对种植作物的影响

续表

教学过程	5. 学习土壤剖面构造：教师组织学生阅读课本森林土壤和耕作土壤的剖面构造图和相关内容，指导学生完成土壤淋溶实验，组织学生观看野外观察森林和耕作土壤剖面构造的介绍视频，学会野外观察土壤剖面的方法 6. 完成课本活动：指导学生对采集到的土壤样本进行观察，完成课本活动的第一项 7. 展示中国主要土壤类型特征及分布资料，引导学生阅读资料，并利用图新地球软件探究北京社稷坛五色土的类型及布局原因 8. 布置作业：继续完成观察家乡的土壤活动 2、3、4、5 项，填写观察报告，让学生巩固所学知识，并学会土壤观察的方法
教学评价	1. 课堂表现评价：通过观察学生在课堂上的学习状态，参与活动的积极性，提出问题、分析问题的意识，思考问题解决问题的能力等评价学生的学习情况 2. 作业评价：通过批改学生的作业，统计学生作业准确率、易错题型、表现优秀的方面等评价学生知识掌握程度，从而有针对性地调整教学 3. 观察评价：通过观察学生参与观察的意识、观察操作过程、团队合作精神、观察结果呈现等情况，评价学生观察操作能力

表一　学生课堂表现评价量表

学生姓名		班级		
评价维度		评价内容及分值		赋分
学生参与度		1. 学生能否积极参与课堂讨论和提问（1 分） 2. 学生是否能够主动提出自己的观点和想法（1 分） 3. 学生能否积极参与到小组讨论和合作学习中来（1 分）		
问题解决能力		1. 学生能否理解并解决课堂上提出的问题（1 分） 2. 学生是否可以独立思考并提出自己的解决方案（1 分） 3. 学生能否把学过的知识运用到解决实际问题上来（1 分）		
知识掌握程度		1. 学生是否能够理解和掌握课堂讲授的知识点（1 分） 2. 学生能否运用所学知识对相关问题进行解答（1 分） 3. 学生是否可以结合实际生活学习所学知识（1 分）		
课堂表现		1. 学生是否能遵守课堂纪律，不打扰其他同学学习（1 分） 2. 学生是否能够积极参与课堂活动，不消极对待（1 分） 3. 学生是否能够尊重老师和同学，不发表不适当言论（1 分）		
总分		12 分		
注：		以上测评表格仅供参考，具体测评标准可结合实际作适当调整		

表二　学生作业评价量表

学生姓名		班级		学校	
评价项目	评价内容		评价标准		赋分
一、知识掌握	1.准确认识土壤的基本特征如颜色、质地、剖面构造等及形成各种基本特征的影响因素 2. 能够理解森林土壤、耕作土壤等类型土壤剖面构造的组成及各剖面层特征形成的影响因素 3. 能够掌握土壤及其特征形成的影响因素，理解土壤及其剖面构造的形成过程，及合理利用土壤应注意的问题		1. 能够准确认识并说出土壤颜色、质地、剖面构造等基本概念及其各类型的差异（5分） 2. 能够说出森林土壤、耕作土壤剖面构造特征，并学会分析其形成原因（5分） 3. 能够分析土壤及其特征形成的影响因素，说出土壤及其特征的形成过程，学会合理利用土壤的措施（5分）		
二、应用能力	1. 能辨别颜色、质地、剖面构造等土壤特征，学会辨别各种特征土壤的具体类型 2. 能够区分和辨认不同类型土壤剖面层，观察其特点，并学会分析其形成原因 3. 能够描述土壤及其剖面构造的形成过程，学会分析其中的影响因素		1. 能够区分并辨认土壤颜色、质地、剖面构造等特征，及各特征的具体类型（5分） 2. 学会区分和识别不同类型的土壤剖面构造特征，分析其产生的原因（5分） 3. 能够综合考虑土壤及其剖面构造形成的影响因素，描述其形成过程（5分）		
三、思维能力	1. 能够根据创设情境问题，主动探究土壤及其特征，分析其形成原因 2. 能全面应用土壤形成的因素，分析土壤特征及形成过程 3. 能够运用创新思维和批判思维，发现土壤及其特征和土壤利用过程中出现的问题，并利用所学知识解决这些问题		1. 能够依据所提供的情境问题，分析和思考土壤及其特征以及它们的形成原因（5分） 2. 能够运用一种或多种土壤形成因子说明土壤的特征及形成原因和形成过程（5分） 3. 能够运用创新思维和批判思维，对发现的土壤及其利用中出现的问题进行分析和解释（5分）		

续表

评价项目	评价内容	评价标准	赋分
四、情感态度	1. 具有对土壤及其特征相关地理问题的热爱和兴趣，愿意主动学习和思考其形成的原因和过程 2. 具有对土壤相关环境问题的关注和责任意识，愿意运用所学土壤相关知识，解决土壤利用过程中产生的环境问题 3. 具有对家乡及祖国土壤的热爱之情，愿意主动探究和学习家乡及祖国的地理环境的意识	1. 具有对土壤及其相关地理问题的热爱和兴趣，愿意主动探究这些问题产生的原因和过程（5 分） 2. 具有对土壤相关环境问题的关注和高度责任感，愿意根据所学土壤相关知识，为土壤利用中产生的环境问题提出解决措施（5 分） 3. 具有对家乡及祖国土壤的热爱的情感，愿意主动探究家乡和祖国的地理环境，解决家乡和祖国土壤利用中出现的问题（5 分）	
注	本评价量表的总赋分值为 60 分		作业得分

二、地理观察在土壤教学中的意义

地理观察是地理教学中一种重要的教学方法，通过对地理现象的观察，使学生了解地理现象，增加对地理现象的感性认识，深入探究地理现象的规律和形成原因。在土壤教学中，地理观察的作用非常大，主要表现在以下方面：

1. 增加学生对土壤及其剖面构造等特征的了解

土壤部分的内容对于大多数同学来说是陌生的，大家很难有时间在平时专门去观察土壤及其剖面构造，所以，对于他们来说，土壤的组成、颜色、质地、土壤剖面构造等方面的特点是非常难以理解的。土壤的地理观察让学生可以有机会近距离地接触土壤，仔细观察土壤的各项特征，增加他们对于土壤部分内容的感性认识。

2. 地理观察能够让学生更好地理解土壤及其剖面构造的形成过程

土壤及其剖面构造形成是非常复杂的过程，涉及多种影响因素，是多种影响因素综合作用的结果。学生很难在室内看到土壤的完整形成过程，但是通过地理观察学生了解到土壤及其剖面构造的各项特征会有探究其形成原因的想法，在探究过程中会还原它的形成过程，增加了对这部分内容的理解。

3. 培养学生科学研究方法与科学研究精神

地理观察是一种特殊而重要的科学研究方法，从观察对象的选择、观察内容的设计、观察数据的记录到观察结果的分析都有比较规范的流程，是研究自然现象的重要手段。而地理观察往往也要经历不同的观察条件，且需持续一定时间才能有关于自然现象规律的发现与总结。因而，组织学生进行土壤及其剖面构造的观察，会很好地培养学生科学研究方法与科学研究精神。

4. 增强学生的动手能力和劳动素养

地理观察活动是一项实践性很强的地理活动，学生需要走入大自然，而且是长时间的接触才能有所收获。观察土壤剖面活动涉及多项实验器材的使用，如手机 GPS 工具箱、铁锹、pH 试纸、土壤剖面采集器或采集盒等。开展土壤剖面观察活动，可以提高学生地理观察及各项实验器材的使用技能，提升学生地理实践力。而采挖土壤剖面需要耗费大量的体力，也锻炼了学生的劳动能力，进而培养了学生的劳动素养。

5. 激发学生学习地理的兴趣和热情

地理观察活动使学生主动融入大自然，近距离地感知地理现象，分析地理现象形成的原因，增强了学生对地理现象的认知，激发了学生对地理学科的兴趣和热情，使学生对地理学科的学习有了更好的认识。而持续的地理观察活动，又让学生对后续地理观察活动充满了期待，从而形成一个良性循环系统，支持着学生不断探索地理现象和问题。

总之，地理观察活动使同学们在参与活动的过程中学到了很多地理知识，增强了对重难点内容的理解，提高了同学们的地理实践能力，激发了同学们不断学习地理知识的动力，做到了学练结合，寓教于乐。

三、高中地理学科（土壤）教学中开展地理观察的要求

高中地理学科（土壤）教学中有关地理观察的要求包括以下几点。

1. 地理观察设计

要求学生进行地理观察活动的设计，以研究土壤颜色、质地、剖面构造等特征。地理观察设计应该考虑到地理观察的对象、观察的目的、观察的方法、观察的步骤、观察的记录、观察结果的分析等。

2. 地理观察操作

学生需要熟练掌握地理观察的步骤、观察的方法、观察数据的记录和分析以及地理观察相关器材的使用等。地理观察需要精心选择观察地点，严格按照操作步骤及规范进行，同时要灵活处理遇到的情况，注意抓大放小。

3. 观察结果分析

学生需要对地理观察结果进行详细分析，找出不同土壤剖面构造的差异，各剖面层的特征及其形成原因。分析时应充分运用相关地区的专题地图及资料，同时采取纵向及横向的比较以得出结论。

4. 地理观察报告

学生在观察的基础上书写地理观察报告，包括观察目的、观察方法、观察步骤、观察结果分析和观察结论等内容。观察报告应该客观反映学生参与地理观察的过程，学生对土壤及其剖面构造的理解，及观察中的新发现及新结论等。

5. 地理观察安全

组织好地理观察活动，确保地理观察安全是取得成功的重要保障。学生需要遵守地理观察安全须知、观察仪器操作要求、地理野外活动安全提示等并注意交通安全。

四、高中地理学科土壤实验设计

土壤实验设计流程

观察名称	观察土壤剖面
观察器材	1. 一部具有定位功能模块的手机 2. 一把野外铲土用的折叠式铁锹 3. 一个卷尺、一盒 pH 试纸、一包纸巾 4. 一个专业土壤剖面采集器或采集盒
观察步骤	1. 选择一个生长或耕作时间较长的典型森林地带或农田地带 2. 打开手机 GPS 工具箱 APP 或用指南针测试当地地理坐标并做好记录 3. 使用铁锹沿划定直线挖入一定深度直至典型土壤剖面全部露出 4. 仔细区分每一个土壤剖面层，用卷尺测量每一剖面层厚度，并进行记录 5. 观察每一个土壤剖面层的颜色，简单分析其成因，并做好记录 6. 观察每一个土壤剖面层的质地，用手感受土壤颗粒的粗细，并进行记录 7. 用纸巾贴在每一土壤剖面层上，观察湿润程度，测试 PH 值，并进行记录 8. 用手机拍摄所挖土壤剖面的照片或采集介绍土壤剖面的现场视频 9. 用专业土壤剖面采集器或采集盒采集所挖土壤剖面标本，以便深入观察

续表

注意事项	1. 认真选择采挖土壤剖面地点，要具有典型性，避开保护区及特殊耕地 2. 用铁锹采挖土壤剖面时要注意采挖力度，避免挖断土壤下的一些管线等 3. 采挖好并确认好土壤剖面后及时拍照或采集视频，以免剖面破坏 4. 注意把握各环节时间，以免时间过长，土壤颜色、质地、湿度等变化
预期结果	1. 所选地点森林土壤剖面丰富，或具有典型性的耕地土壤剖面 2. 观察土壤剖面各部分实验顺利完成，现象比较明显 3. 成功完成土壤剖面照片及介绍视频采集，照片及视频中土壤剖面清晰 4. 顺利采集土壤剖面标本，较完整的地保存了土壤剖面
结果分析	通过观察现象，可以得出以下结论： 1. 森林土壤和耕作土壤具有不同的土壤剖面特性 2. 森林土壤和耕作土壤剖面层次及其发育状况与气候和时间等条件有关 3. 土壤剖面的特征，如颜色、质地、含水量等存在较大差异 4. 土壤及其剖面是在气候、地形、成土母质等综合因素影响下形成的
拓展活动	1. 对采集回来的土壤标本进行土壤淋溶及其影响因子实验 2. 对不同地点采集的森林、草原、耕地等土壤标本进行土壤干燥称重实验 3. 对不同地点采集的森林、草原、耕地等土壤标本进行土壤有机质灼烧实验
备注	

高中地理学科人教版必修地理1（土壤）观察土壤剖面记录表

表三　观察记录表

土壤剖面编号		标本采集地坐标		记录人
土壤剖面类型		标本采集时间		
观察人员				
土壤剖面层名称	土壤剖面层厚度	土塘剖面层颜色	土壤剖面层质地	土壤剖面层成因

续表

土壤剖面层名称	土壤剖面层厚度	土塘剖面层颜色	土壤剖面层质地	土壤剖面层成因
土壤剖面照片				
备注				

表四　地理观察评价量表

学生姓名		班级	
评价维度	评价标准		赋分
观察准备	1. 学生是否提前预习并准备好观测器材（5 分） 2. 是否了解观察目的和步骤（5 分） 3. 是否能够独立完成观察操作（5 分）		
观察操作	1. 学生是否能够按照观察步骤进行操作（5 分） 2. 是否能够正确使用观察设备（5 分） 3. 是否能够记录观察数据和观察结果（5 分）		
结果分析	1. 学生是否能够根据观察数据和观察结果进行分析（5 分） 2. 是否能够理解观察现象和原理（5 分） 3. 是否能够提出自己的解释和观点（5 分）		

续表

评价维度	评价标准		赋分
观察报告	1. 学生是否能够撰写观察报告（5 分） 2. 是否能够清晰、准确地描述观察过程和结果（5 分） 3. 是否能够提出自己的结论和建议（5 分）		
观察态度	1. 学生是否积极参与观察（5 分） 2. 是否遵守观察规则和安全规定（5 分） 3. 是否能够与他人合作完成观察（5 分）		
观察创新	1. 学生是否能够提出自己的观察改进方案（5 分） 2. 是否能够尝试不同的观察方法和设备（5 分） 3. 是否能够发现新的观察现象和规律（5 分）		
观察评价	1. 教师评价学生的观察成绩是否公正、客观（5 分） 2. 是否能够给予学生及时、具体的反馈和建议（5 分） 3. 能否鼓励学生自我评价和反思（5 分）		
总分		教师签名	
备注	本表总分为（105 分），这只是一份参考评价量表，具体评价标准和权重可以根据实际情况进行调整		

参考文献

[1] 杨丹丹．基于地理实践力培养的高中地理教材活动系统教学策略研究 [D]. 呼和浩特：内蒙古师范大学，2021.

[2] 管珺．基于山东新高考试题分析的高中地理核心素养培养策略研究 [D]. 重庆：西南大学，2023.

人教版高中必修地理 2　交通布局对区域发展的影响问题驱动下的教学设计与实验案例

一、高中地理学科人教版必修地理 2　交通运输布局对区域发展的影响问题驱动下的教学设计

教学设计流程

课标要求	结合实例，说明交通运输布局对区域经济发展的促进作用。[1] 这里的“交通运输布局”，既有新建成的交通线，又有场站的建设，提升场站的地位；“区域发展”包括区域经济发展、社会发展、文化发展等方面的内容；“影响”从结果上看，既有对本地区整体的影响，也有交通布局的改变而导致地区内部差异的影响，既有有利的影响（促进作用），也有不利的影响
教学目标	1. 了解交通通过影响经济发展要素而作用于区域经济发展 2. 认识交通运输建设扩大了区域经济辐射面 3. 认识交通运输业是一个重要的区域经济行业 4. 结合区域案例分析交通运输对区域经济发展的推动作用
教学重点和难点	重点：交通运输布局拉动区域经济发展 难点：交通运输布局推动区域经济发展的形成机制 [2]
教学方法	1. 问题驱动教学法：通过设置情境问题，激发学生兴趣，引导学生探索交通布局对区域发展的影响 2. 小组辩论法：通过小组辩论，让学生思考并论证银西高铁选址的原因，巩固上一节所学交通运输业布局的区位因素 3. 社会调查法：通过社会调查，让学生亲身体验银西高铁给宁夏发展带来的影响，加深对知识的理解和记忆
教学过程	1. 导入新课：看视频，创设情境，激发学生学习兴趣，引导学生思考：银西高铁开通，对沿线地区的发展有何影响 2. 预习检查：检查导学案预习作业，选择部分学生课程原创思维导图，进行交流展示，并形成本节课思维导图 3. 合作探究一：根据地图及所给材料，采取小组辩论的方式论证银西高铁最终选择现有路线的合理性 4. 合作探究二：观看学生实地探究银西高铁对沿线经济的影响视频，依据视频及所给材料分析银西高铁对沿线地区经济的影响

续表

教学过程	5. 合作探究三：根据材料并结合所学知识推测银西高铁的建设对固原与庆阳市产生的不同影响 6. 总结归纳：结合小组任务，以及来自日本的中国高铁时刻图，理解银西高铁对于银川的影响，以及中国高铁网对于中国发展的影响 7. 作业布置：看“一带一路”的案例，完成教材案例中的有关问题
教学评价	1. 课堂表现评价：通过检查学生课前预习情况，观察学生在课堂上的表现，观看学生参与各项课堂活动中体现的团队合作精神，评价学生的学习情况 2. 调查评价：通过实地观察学生在银西高铁对沿线经济的影响社会调查过程中的表现，如时间观念、采访能力、语言表达能力、总结归纳能力、视频剪辑制作能力等，评价学生的地理实践能力 3. 作业评价：通过检查和批改学生课后作业的完成情况，评价学生对交通运输布局对区域发展影响的掌握情况

表一　学生课堂表现评价量表

学生姓名		班级		
评价维度		评价内容及分值		赋分
学生参与度		1. 学生是否积极参与课堂讨论和提问（1 分） 2. 学生是否能够主动提出自己的观点和想法（1 分） 3. 同学们能否积极参与到小组讨论和合作学习中来（1 分）		
问题解决能力		1. 学生能否理解并解决课堂上提出的问题（1 分） 2. 学生是否可以独立思考并提出自己的解决方案（1 分） 3. 学生能否把学过的知识运用到解决实际问题上来（1 分）		
知识掌握程度		1. 学生是否能够理解和掌握课堂讲授的知识点（1 分） 2. 学生能否运用所学知识对相关问题进行解答（1 分） 3. 学生是否可以结合实际生活学习所学知识（1 分）		
课堂表现		1. 学生是否能遵守课堂纪律，不打扰其他同学学习（1 分） 2. 学生是否能够积极参与课堂活动，不消极对待（1 分） 3. 学生是否能够尊重老师和同学，不发表不适当言论（1 分）		
总分		12 分		
注		以上测评表格仅供参考，具体测评标准可结合实际作适当调整		

表二　学生作业评价量表

学生姓名		班级		学校	
评价项目	评价内容		评价标准		赋分
一、知识掌握	1. 能够理解和掌握交通运输布局对地区经济发展的影响 2. 了解交通布局对聚落发展的影响 3. 能够理解京杭大运河对扬州发展的影响等案例，理解建设“一带一路”的意义		1. 能够认识和说出交通运输布局对地区经济发展的作用（5 分） 2. 可以分析出交通运输布局对聚居发展的影响（5 分） 3. 能认识交通运输布局对地区发展影响的具体事例（5 分）		
二、应用能力	1. 能运用交通运输布局影响区域发展的原理，分析陕西武功县交通发展脱贫致富的原因 2. 能够运用交通运输布局对区域发展影响的原理，解释我国铁路大提速的作用和线路分布特点等 3. 能运用交通布局对地区发展的影响原理，对新加坡发展等案例进行解释		1. 能运用交通布局对区域发展影响原理，对实际生活中具体的区域交通布局现象作出说明（10 分） 2. 运用交通布局对区域发展的影响原理对现实生活中区域交通枢纽发展现象作出解释（5 分）		
三、思维能力	1. 能够运用问题驱动的学习方法，学习交通布局对区域发展影响 2. 能够运用综合思维模式，深入分析交通运输布局对区域发展的影响机理 3. 能够运用逆向思维，对特殊交通运输布局现象予以辨析和思考		1. 能够熟悉运用问题驱动的学习方法，学习并掌握交通运输布局对区域发展影响的基本原理（5 分） 2. 能运用综合思维对区域发展影响交通布局的机制进行深入分析（5 分） 3. 能够运用逆向思维，对现实生活中特殊的交通运输布局现象进行深入辨析（5 分）		
四、情感态度	1. 有志于地理学科学习，乐于积极探索交通布局对区域发展的影响 2. 具有对现实生活中的交通问题的高度关注和责任意识，愿意运用交通运输布局相关知识，解决实际的交通问题		1. 具有浓厚的地理科学兴趣，愿意主动学习和探究交通运输布局对区域发展影响的相关知识（5 分） 2. 具有对新出现的交通运输布局现象的关注和责任感，愿意运用交通运输布局与区域发展的原理和方法，解决实际的交通问题（5 分）		

续表

评价项目	评价内容	评价标准	赋分
四、情感态度	3. 具有尊重科学、主动探究科学的精神，乐于运用各种学习方式，不断提高自己的科学素质	3. 具有对科学精神的尊重和理解，运用科学家研究问题方法，提高自己的科学素质（5分）	
注	本评价量表的总赋分值为60分		作业得分

二、社会调查在交通运输布局对区域发展的影响教学中的意义

社会调查是一种重要的科学研究方法，在地理科学研究尤其是人文地理研究中起着重要作用。它让学生通过对被采访对象的调查或对人文现象的直接观察与统计获取信息，从而发现人文现象的规律和成因。社会调查在交通运输布局对区域发展的影响一节教学中起着不可或缺的作用。

1. 增加对交通布局影响区域发展的认识

交通布局对区域发展的影响是多方面的，学生由于平时课业压力大，很难全方位地了解交通布局对区域发展的影响，甚至有机会接触也不一定仔细观察，这就造成了学生对这一部分内容缺乏感性认识，从而使这一部分的内容显得枯燥无味，理解起来有一定的难度。社会调查使学生近距离地接触交通运输布局对区域发展的影响，增加了对这部分内容的理解。

2. 社会调查帮助攻克交通布局影响区域发展的难点

交通运输布局对区域发展的影响是一个复杂的过程，包含多方面的影响因素，一些因素之间的关联错综复杂。通过社会调查让学生能身临其境，切身体会到各因素之间的相互作用，从而对一些难点问题有更好的认识。

3. 提高学生的社会调查和研究能力

社会调查是一种重要的人文地理研究方法，它要求学生具备多方面的综合素质与操作技能。学生的语言表达能力、人际交往能力、信息技术操作能力、归纳总结能力

等对调查活动完成都有至关重要的影响。学生熟练地掌握社会调查的基本方法，通过社会调查使自己的科研能力得到了提高。

4. 培养学生地理学科实践创新能力

地理调查是一类重要的地理实践活动形式。学生参加地理调查的过程中会遇到很多影响因素和不确定条件，每一个因素和不确定条件的改变都会带来不同的结果。因此，地理调查的开展需要学生掌握扎实的地理实践操作技巧，同时具备很高的解决问题能力和灵活应变的能力。地理学科调查的开展，对学生动手能力和形成地理学科的创新能力都有很好的培养作用。

5. 增强学生学习地理学科的兴趣

社会调查使学生近距离地感知人文现象及其形成过程，认识到人文环境的多样性及其与自然环境的协调性，增加了学生对地理环境的热爱，提高了学生探索地理问题的积极性，同时也增加了学生对地理问题的兴趣。

总之，社会调查可以使学生增加对人文现象的感性认识，提高对人文现象形成机制的认识，通过模仿科学家研究地理问题的过程，提高地理操作能力和研究能力，增加对地理学科的兴趣。

三、高中地理学科（交通运输布局对区域发展的影响）教学中开展社会调查的要求

高中地理学科（交通运输布局对区域发展的影响）教学中有关社会调查的要求包括以下几点：

1. 调查设计

师生根据课标内容，针对交通布局对区域发展的影响设计调查方案。调查设计应该包括调查目的、方法、步骤、调查数据采集与分析、采访视频录制等方面。调查设计应简洁且易于操作。

2. 调查实践

学生需要掌握社会调查的一般方法包括：选择调查对象、设计调查题、绘制调查表、发放调查表、数据采集处理、录制调查录像等。调查须切实可行，以获取研究问题的真实资料。

3. 数据分析

学生需要对调查数据进行分析，运用地图和表格等形式展示各数据之间的联系，从而总结交通运输布局对区域发展的影响。数据分析要准确，突出调查对象的主要特征。

4. 调查报告

学生需要在调查分析的基础上撰写调查报告，包括调查目的、调查方法、调查步骤、调查结论、调查反思等内容。调查报告应以小组的形式共同完成，反映小组共同的智慧。

5. 调查安全

安全是社会调查实践开展的前提。师生要注意社会调查中各方面的安全，比如交通安全、食品安全、人身财产安全等，确保社会调查正常进行。

四、高中地理学科交通运输布局对区域发展的影响社会调查设计

社会调查设计流程

调查名称	交通运输布局对区域发展的影响社会调查
调查准备	1. 高清大容量照相机或摄像机 2. 银西高铁影响调查问卷 3. 一个书写板 4. 两个声音采集器
调查步骤	1. 购买调查人员到调查目的地的往返高铁火车票 2. 在银川高铁站门口设计主持词，并录制调查乘客出发视频 3. 在银川高铁站候车厅检票口调查乘坐列车的乘客人数 4. 在高铁列车上采访乘客，了解乘客的行程及银西高铁给乘客带来的影响 5. 在高铁列车上采访乘务人员，了解列车日常乘坐率，乘客组成等信息 6. 在高铁列车上通过车窗拍摄沿线的风景，感受银西高铁给沿线带来的变化 7. 在高铁沿线站点，在上下车时间观察上车与下车的乘客数量 8. 在目的地随机调查一些行业的发展状况，及银西高铁给行业带来的变化 9. 在学校门口总结调查活动取得的结论及参与调查活动的感受
注意事项	1. 及早购买往返银川与目的地的高铁票，携带好身份证 2. 注意出发及中间站点的停站时间，及时调查，避免错过站点 3. 注意选择比较配合的乘客采访，拍照、摄像注意避开乘客正面 4. 注意交通安全，另外到目的地后分组调查，避免单独行动

续表

预期结果	1. 银西高铁乘客人数较多，日常乘坐率较高 2. 银西高铁开行，为不同乘客提供了出行便利 3. 银西高铁的开通对沿线相关产业发展带来了正面影响 4. 调查视频《交通布局影响区域发展》拍摄成功
结果分析：	通过实地调查，可以得出以下结论： 1. 银西高铁乘客平均乘坐率较高，但存在时段和方向的差异 2. 银西高铁沿线各站点上下旅客较多，但不同站点不同 3. 银西高铁沿线各相关行业发展得到较好的带动 4. 在调查交通布局对区域发展的影响过程中，学生们得到了锻炼，感受很多
拓展调查：	1. 交通行业的发展带来的人口迁移及其影响调查 2. 银西高铁沿线土地盐渍化及其形成原因调查 3. 调查宁夏盐池县滩羊产业发展现状及其形成原因
备注	以上就是对高中地理学科交通布局对地区发展影响的社会调查，希望对您有所帮助

人教版高中地理学科必修地理 2　交通运输布局对区域发展的影响地理调查记录表

表三　地理调查记录表

调查小组		调查人员				填表人员	
出发车站		到达车站		车票价格		填表日期	
内容	序号	乘客姓名	性别	目的地	随行人数	出行原因	备注
乘客调查							

续表

内容	序号	车站名称	到站人数	出发人数	备注
车站调查					
内容	序号	行业	影响程度	影响表现	备注
行业调查					

表四 地理调查评价量表

学生姓名		班级	
评价维度	评价标准		赋分
调查准备	1. 学生是否提前预习并准备好调查材料和设备（5 分） 2. 是否了解调查目的和步骤（5 分） 3. 是否能够按时完成调查设计（5 分）		
调查实践	1. 学生是否能够按照调查步骤进行操作（5 分） 2. 是否能够正确使用调查设备（5 分） 3. 是否能够记录调查数据和观察结果（5 分）		
调查分析	1. 学生是否能够根据调查数据和观察结果进行分析（5 分） 2. 是否能够理解调查现象和原理（5 分） 3. 是否能够提出自己的解释和观点（5 分）		
调查报告	1. 学生是否能够撰写实验报告（5 分） 2. 是否能够清晰、准确地描述调查过程和结果（5 分） 3. 是否能够提出自己的结论和建议（5 分）		

续表

评价维度	评价标准		赋分
调查态度	1. 学生是否积极参与调查（5 分） 2. 是否遵守调查要求和安全规定（5 分） 3. 是否能够与他人合作完成调查（5 分）		
调查创新	1. 学生是否能够提出自己的调查改进方案（5 分） 2. 是否能够尝试不同的调查方法和设备（5 分） 3. 是否能够发现新的调查案例和规律（5 分）		
调查评价	1. 教师对学生的调查表现是否能给予公正客观的评价（5 分） 2. 是否能够给予学生及时、具体的反馈和建议（5 分） 3. 能否鼓励学生自评和反思（5 分）		
总分		教师签名	
备注	本表总分为（105 分），这只是一份参考评价量表，具体评价标准和权重可以根据实际情况进行调整		

参考文献

韦雪兰．广西少数民族地区高中地理课程思政实践 [D]. 武汉：华中师范大学，2022.

人教版高中选择性必修地理 1　河流地貌的发育问题驱动下的教学设计及实验案例

一、高中地理学科人教版选择性必修地理 1　河流地貌的发育问题驱动下的教学设计

教学设计流程

课标要求	课程标准要求学生结合实例，解释内力和外力对地表形态变化的影响，并说明人类活动与地表形态的关系。[1] 河流地貌是一类重要的地貌类型，学生需要认识常见的河流地貌，并运用内、外力作用原理分析其形成原因和形成过程
教学目标	1. 结合实例认识河谷在不同发展阶段的地表形态特征 2. 结合实例理解不同河段河流地貌的形成原因及特点 3. 以河流地貌为例，说明地表形态和人的活动之间的相互关系 [2]
教学重点和难点	重点：从时间和空间两个角度来认识河流地貌的形成过程，说明河流地貌对聚落的影响 难点：河谷的发育过程
教学方法	1. 情境教学法：通过课本案例创设情境，引导学生学习探究河流地貌发育的机制及形成的各种河流地貌 2. 实验教学法：通过实验，让学生现场感受河流地貌发育过程，加深对流水侵蚀和堆积作用的理解和记忆，增加对河流地貌及其形成过程的理解 3. 模拟演练法：通过图新地球等地理信息技术软件现场模拟河流地貌景观，增加学生对河流地貌的感性认识，提升他们探究各种河流地貌形成过程的兴趣
教学过程	1. 引入新课：通过展示介绍镇江西津渡视频，引入新课，引发学生探究镇江西津渡及河流地貌形成的兴趣 2. 流水作用模拟实验： 指导学生现场完成流水作用模拟实验，并引导学生思考： （1）观察两个塑料盘中的沙子有何变化，想想为什么 （2）观察倾斜放置塑料盘中沙子的形态特征，并思考形成原因 （3）观察水平放置塑料盘中沙子的形态特征，并思考形成原因 3. 自主探究：让学生根据模拟实验和课本内容，小组合作思考和讨论河流地貌的发育机制，及其对河流地貌形成的影响

续表

教学过程	4. 河流地貌探究（以长江为例）：分别选取长江（金沙江虎跳峡、长江荆江段、长江入海口）不同河段的地貌，以图新地球软件为支撑，对地貌特征进行观察、绘制剖面图、分析地貌成因 5. 镇江西津渡遗址探究：展示镇江西津渡资料，组织学生小组讨论，探究镇江西津渡如今为什么会淹没在泥沙之中，长江岸线镇江段为什么会持续向北推移 6. 归纳与总结：让学生归纳和总结河流地貌发展的机理和形成过程 7. 作业布置：学生利用图新地球等地理信息技术软件，自主探究黄河等河流各河段地貌特征及其形成原因
教学评价	1. 课堂表现评价：通过观察学生在课堂上的各方面表现，如回答问题意愿、回答问题的准确性、学生的课堂纪律、学生团队合作精神等方面，评价学生的课堂表现 2. 作业评价：通过观察学生完成作业的态度，作业的准确率、回答问题的逻辑思维与创新性等，评价学生对河流地貌发育内容的理解和应用情况 3. 实验评价：通过观察学生参与实验操作的意愿，实验操作的规范性，实验记录的准确性，实验过程中的团队协作等项目，对学生的学习情况进行评价

表一　学生课堂表现评价量表

学生姓名		班级		
评价维度		评价内容及分值		赋分
学生参与度		1. 学生是否积极参与课堂讨论和提问（1分） 2. 学生是否能够主动提出自己的观点和想法（1分） 3. 学生能否积极参与到小组讨论和合作学习中来（1分）		
问题解决能力		1. 学生能否理解并解决课堂上提出的问题（1分） 2. 学生是否能够独立思考并提出自己的解决方案（1分） 3. 学生能不能把学过的知识运用到解决实际问题上来（1分）		
知识掌握程度		1. 学生是否能够理解和掌握课堂讲授的知识点（1分） 2. 学生能否运用所学知识对相关问题进行解答（1分） 3. 学生是否可以结合实际生活学习所学知识（1分）		

续表

<table>
<tr><td>课堂表现</td><td>1. 学生是否能遵守课堂纪律，不打扰其他同学学习（1 分）
2. 学生是否能够积极参与课堂活动，不消极对待（1 分）
3. 学生是否能够尊重老师和同学，不发表不适当言论（1 分）</td><td></td></tr>
<tr><td>总分</td><td>12 分</td><td></td></tr>
<tr><td>注：</td><td colspan="2">以上测评表格仅供参考，具体测评标准可结合实际作适当调整</td></tr>
</table>

表二　学生作业评价量表

<table>
<tr><td>学生姓名</td><td></td><td>班级</td><td></td><td>学校</td><td></td></tr>
<tr><td>评价项目</td><td colspan="2">评价内容</td><td colspan="2">评价标准</td><td>赋分</td></tr>
<tr><td>一、知识掌握</td><td colspan="2">1. 对河流的侵蚀作用、堆积作用的形成机制及其对地貌的作用有一定的认识
2. 能够认识常见的河流地貌，学会分析常见河流地貌的成因
3. 能够认识常见的河流堆积地貌，学会分析这些地貌形成的原因</td><td colspan="2">1. 能够准确理解侵蚀作用的三种类型、侵蚀作用和堆积作用形成机制及其对河流地貌发育的影响（5 分）
2. 能够认识常见河流侵蚀地貌及其特征，并学会分析这些地貌形成的原因（5 分）
3. 能够认识常见河流堆积地貌及其特征，并学会分析这些地貌形成的原因（5 分）</td><td></td></tr>
<tr><td>二、应用能力</td><td colspan="2">1. 对常见的河流侵蚀地貌形成原因和形成过程，能够运用河流侵蚀作用原理进行分析
2. 对常见的河流堆积地貌的形成原因和形成过程，能够运用河流堆积作用原理进行分析
3. 能运用河流地貌发育的有关知识，分析河流地貌对聚落分布的影响</td><td colspan="2">1. 能运用河流侵蚀作用的类型、原理等，分析说明形成常见河流侵蚀地貌的成因和过程（5 分）
2. 能运用河流堆积作用形成机理分析说明常见河流堆积地貌形成的原因及其过程（5 分）
3. 对聚落分布与河流、河流地貌发育的关系，能运用河流、地貌发育的有关知识进行分析和说明（5 分）</td><td></td></tr>
<tr><td>三、思维能力</td><td colspan="2">1. 能够运用创设情境问题，主动探究河流地貌发育机制及形成过程
2. 能够运用区域认知、综合思维等核心素养分析常见河流地貌的类型及其形成过程
3. 能够运用创新思维和批判思维，深入分析聚落分布与河流地貌发育的关系</td><td colspan="2">1. 能够运用创设情境问题探究和学习河流侵蚀作用、堆积作用原理及其在河流地貌发育过程中的作用（5 分）
2. 能够区分常见河流地貌，并运用区域认知和综合思维等核心素养分析其形成原因和过程（5 分）
3. 能够运用创新思维和批判思维，分析和解释聚落分布特点及其与河流地貌发育之间的关系（5 分）</td><td></td></tr>
</table>

续表

评价项目	评价内容	评价标准	赋分
四、情感态度	1. 具有对地理科学的浓厚兴趣，愿意主动探究常见河流地貌及其形成原因和过程 2. 具有对聚落选址及相关自然灾害的关注和责任感，愿意运用河流地貌发育相关知识解决实际生活中遇到的问题 3. 具有对家乡和祖国河流的热爱之情，和对家乡和祖国地理环境探索的愿望	1. 具有对地理科学的浓厚兴趣，愿意主动认识常见的河流地貌类型，并探究这些地貌的形成原因和过程（5 分） 2. 具有对聚落选址及相关自然灾害的关注和责任感，愿意运用河流地貌发育的相关知识分析和解释聚落分布与河流及相关自然灾害之间的关系（5 分） 3. 具有对家乡和祖国河流的热爱之情，愿意运用所学知识探索家乡和祖国地理环境的形成原因和过程（5 分）	
注	本评价量表的总赋分值为 60 分		作业得分

二、实验在河流地貌的发育教学中的意义

实验是一种重要的科学研究方法，同时也是一种重要的教学方法，它通过在室内创设相同或类似的条件，模拟和验证自然现象的形成过程。地理实验在河流地貌发育教学中所起的作用，是不可取代的。

1. 加强学生对河流地貌发育的认识

河流地貌的发育部分内容对于大多数高中生来说是十分陌生的，由于缺乏足够的感性认识，使得学生很难理解一些陌生的概念与现象。同时河流地貌的发育部分内容也是很抽象的，学生对于侵蚀、堆积、凸岸、凹岸、洪积扇、河流三角洲等概念很难想象，认识起来就显得比较困难。地理实验使得这些概念更为形象和直观，便于学生理解。

2. 帮助学生了解河流地貌的发育进程

河流地貌的发育过程是一个非常复杂的地理过程，其形成受众多因素影响，也是在时间作用下的一个长期发展结果，学生不可能完整地观看整个形成过程，因而就会感到很迷茫。而地理实验可以在有限的课堂时间再现河流地貌的形成过程，让学生现场看到各种作用方式及其作用的结果，从而更容易理解河流地貌的发育过程。

3. 提高学生的科学研究与实验能力

地理学是一门重要的自然科学，特别是自然地理学部分，和物理、化学、生物等学科一样需要学生有很强的逻辑思维能力和科学研究精神。地理实验可以帮助学生在实践的过程中树立学生科学研究和实验探究的意识，也可培养学生严谨的科学研究态度和过硬的实验操作技能。

4. 培养创新思维和地理实践能力

地理学是一门特殊的自然科学，很多自然现象形成需要有特殊的条件及漫长的时间，很难在真实的环境中感受其形成的过程。地理实验可以帮助教师和学生发挥想象力，在模拟自然现象形成过程的同时，设计实验方案，创造自然现象形成的条件，并变换条件进行深入的研究和探讨。这个过程对学生的创新思维和地理实践能力都有很好的培养作用。

5. 提高学生学习地理学科的兴趣

地理实验可以改变过去地理学习以文字与图片为主的教学方式，使得自然现象和过程形象化、动态化，让学生获得直观的感性认识，使得地理学习变得生动有趣。而地理实验也可以让学生在预设条件下一步步参与到自然现象的形成过程中，从而提升学生学习地理的兴趣。

总而言之，地理实验可以模拟河流地貌发育的过程，让学生现场感受河流地貌的形成机制与塑造的地貌结果，从而加深对河流地貌发育内容的理解，同时培养学生科研精神和实验研究能力，激发学生对地理学科的学习兴趣，增强学生的创新思维和地理实践能力。

三、高中地理学科（河流地貌的发育）教学中开展实验的要求

高中地理学科（河流地貌的发育）教学中有关实验的要求包括以下几点。

1. 实验设计

实验设计是实验能否成功的关键环节。实验设计应包括实验目的、实验设备、实验步骤、实验记录、分析实验结果、安全注意事项等内容。实验设计时应符合自然现象发生的原理、方案简单可行、实验条件应稳定可控、实验结果应明显可靠等原则。

2. 实验操作

要在实验操作中明确标注实验条件，实验操作步骤，实验记录内容，安全注意事项等。学生操作时需要严格按照实验方案中的实验要求完成，实验操作应规范准确，特别要注意实验安全注意事项，避免安全事故的发生。学生要熟悉实验过程，熟悉实验设备的操作规范，这样才能保证实验的成功。

3. 数据分析

实验数据是实验过程中得到的宝贵资料。学生需要对实验数据进行详尽的整理与分析以得出河流地貌发育的形成机制及河流地貌的特征等规律。数据分析时应注意充分挖掘数据所反映的自然规律，从不同角度进行对比，运用信息化技术手段得出多种分析图表，以期得到更为直观可靠的分析结果。

4. 实验报告

实验报告是实验所得到的最终成果。实验报告要求同学们在前面的实验基础上，把自己的研究成果详细书写出来。实验报告应包括实验方案的主要内容，此外还应增加实验现象、实验资料和实验分析结论等内容。实验报告可布置为作业，让学生课后完成，有价值的实验报告也可进一步修改参加相关比赛。

5. 实验安全

实验安全是保证实验顺利完成的重要环节。学生应熟知实验安全注意事项，并严格按照实验安全操作规范进行，以免出现安全事故影响学生健康和教学秩序。

四、高中地理学科河流地貌的发育实验设计

实验设计流程

实验名称	河流地貌的发育模拟实验
实验器材	1. 塑料盘 2 个、支撑盒 1 个 2. 湿润沙子（含小砾石）1kg 3. 小红旗 3 个 4. 矿泉水 1 瓶
实验步骤	1. 将装满沙子的塑料盘一端支在空塑料盘上，另一端支在支撑盒上，搭成斜面 2. 在塑料盒沙子中线顶端附近及两边插上小红旗 3. 将矿泉水连续倒在塑料盒沙子顶端小红旗下方附近的沙子上 4. 观察两个塑料盘中的沙子有何变化，想想为什么

续表

实验步骤：	5. 将倾斜放置的塑料盘缓慢取出 6. 观察倾斜放置的塑料盘中沙子的形态特征，并思考形成原因 7. 将水平放置的塑料盘取出，慢慢将其中的水倒去 8. 观察水平放置的塑料盘中沙子的形态特征，并思考形成原因 9. 将观察到的现象记入实验记录表
注意事项：	1. 实验操作前将塑料盘中的沙子用水浇湿，以不溢出为标准 2. 中线两侧所插小红旗不宜离得过近 3. 倒水时不宜过快，以便学生观察现象，水不要直接倒在顶端小红旗上 4. 倒去水平放置塑料盒中的水时一定要慢，以保证不破坏堆积物的形态
预期结果：	1. 倾斜放置的塑料盒里的沙子会被水冲刷掉，然后在一个水平的盒子里堆积起来 2. 随着水的倒入，中线两侧及顶端附近小红旗先后倒塌 3. 塑料盒里倾斜放置的沙子，经过水的冲刷，形成深深的冲沟 4. 水平放置塑料盒中的沙子形成一个扇形堆积物，顶部颗粒粗，边缘细
实验分析：	通过观察实验现象，总结如下： 1. 河流地貌的发育与水流的性质有着非常密切的关系 2. 水流速度快，泥沙就会随水流被带走，流速慢，泥沙就会逐渐堆积 3. 水流对泥沙的冲刷表现为向下的冲刷、向两侧的冲刷及向源头的冲刷 4. 水流速度减缓时大颗粒物先堆积，小颗粒物会被带到更远堆积
拓展实验：	1. 改变水流的大小，看看形成的现象有什么不同 2. 改变支撑盒的高度，看看形成的现象有什么不同 3. 将装有沙子的塑料盒水平放置，中间凿出弯曲的沟槽，看看水流经过时会发生什么变化
备注	

高中地理学科人教版选择性必修地理1　河流地貌的发育模拟实验观察记录

表三　实验观察记录表

小组编号		记录人员	
小组成员			
观察项目	观察到的现象		形成原因
将矿泉水连续倒在塑料盒沙子中，观察两个塑料盘中的沙子有何变化			
在矿泉水连续倒在塑料盒沙子过程中，观察沙子中的三个小红旗有何变化			
在矿泉水连续倒在塑料盒沙子后，观察倾斜塑料盒中沙子形态变化			
在矿泉水连续倒在塑料盒沙子后，观察水平塑料盒中沙子形态特征			
在矿泉水连续倒在塑料盒沙子后，观察水平塑料盒中沙子大小颗粒分布规律			
改变矿泉水水流的大小，观察看到的现象			
改变支撑盒的高度，观察看到的现象			
将装有沙子的塑料盒水平放置，中间凿出弯曲沟槽，观察水流经过时的变化			
备注			

表四 实验教学评价量表

<table>
<tr><td>学生姓名</td><td></td><td>班级</td><td></td></tr>
<tr><td>评价维度</td><td colspan="2">评价标准</td><td>赋分</td></tr>
<tr><td>实验准备</td><td colspan="2">1. 学生是否提前预习并准备好实验材料和设备（5 分）
2. 是否了解实验目的和步骤（5 分）
3. 是否能够独立完成实验操作（5 分）</td><td></td></tr>
<tr><td>实验操作</td><td colspan="2">1. 学生是否可以按照实验步骤进行操作（5 分）
2. 是否能够正确使用实验设备（5 分）
3. 能不能记录实验数据和观察结果（5 分）</td><td></td></tr>
<tr><td>实验分析</td><td colspan="2">1. 学生能否结合实验材料，结合观察结果，对实验数据进行综合分析（5 分）
2. 是否能够理解实验现象和原理（5 分）
3. 是否能够提出自己的解释和观点（5 分）</td><td></td></tr>
<tr><td>实验报告</td><td colspan="2">1. 学生是否能够撰写实验报告（5 分）
2. 是否能够清晰、准确地描述实验过程和结果（5 分）
3. 是否能够提出自己的结论和建议（5 分）</td><td></td></tr>
<tr><td>实验态度</td><td colspan="2">1. 学生是否积极参与实验（5 分）
2. 是否遵守实验规则和安全规定（5 分）
3. 是否能够与他人合作完成实验（5 分）</td><td></td></tr>
<tr><td>实验创新</td><td colspan="2">1. 学生是否能够提出自己的实验改进方案（5 分）
2. 是否能够尝试不同的实验方法和设备（5 分）
3. 是否能够发现新的实验现象和规律（5 分）</td><td></td></tr>
<tr><td>实验评价</td><td colspan="2">1. 教师对学生实验表现的评价能否做到公正、客观（5 分）
2. 是否能够给予学生及时、具体的反馈和建议（5 分）
3. 是否鼓励学生进行自评和反思（5 分）</td><td></td></tr>
<tr><td>总分</td><td></td><td>教师签名</td><td></td></tr>
<tr><td>备注</td><td colspan="3">本表总分为（105 分），这只是一份参考评价量表，具体评价标准和权重可以根据实际情况进行调整</td></tr>
</table>

参考文献

[1] 杨惠娟.萨奇曼探究训练模式在高中自然地理教学中的应用研究[D].福州：福建师范大学，2020.

[2] 赵春燕.基于钉钉网络教学平台的高中地理翻转课堂教学实践与探索[D].开封：河南大学，2023.